CONSIDÉRATIONS GÉNÉRALES

SUR

LA LÉGISLATION

DES

TRAVAUX PUBLICS.

IMPRIMERIE DE LACHEVARDIERE,
RUE DU COLOMBIER, N° 30, A PARIS.

CONSIDÉRATIONS GÉNÉRALES

SUR

LA LÉGISLATION

DES

TRAVAUX PUBLICS,

PAR J. CORDIER,

INSPECTEUR DIVISIONNAIRE DES PONTS CHAUSSÉES,
MEMBRE DE LA CHAMBRE DES DÉPUTÉS.

A PARIS,

CHEZ CARILIAN-GŒURY, LIBRAIRE
DES CORPS ROYAUX DES PONTS ET CHAUSSÉES ET DES MINES,
QUAI DES AUGUSTINS, N° 41.

1829.

PRÉFACE.

Nous avons indiqué dans le premier volume le meilleur mode de construire et d'entretenir les routes, les canaux, etc., et nous avons annoncé que nous donnerions dans le second, les lois de divers pays sur les travaux publics.

Pour remplir cette tâche, nous nous sommes appliqué à connaître l'administration et l'état des communications des peuples d'Europe; il était facile de constater et de prévoir que le nombre et la perfection des canaux et des routes dans chaque contrée dépendent du plus ou du moins de liberté dont on y jouit.

En vain chercherait-on des modèles de bons règlements dans les états despotiques; le pouvoir étant donné à la faveur, et le talent soumis au pouvoir, nulle amélioration durable n'est possible. C'est dans les pays libres seulement, où des institutions inviolables, garantissant la propriété, donnent le désir d'acquérir et d'entreprendre les travaux d'un intérêt général; que l'on peut étudier avec profit les lois, les travaux et les hommes ; tout y porte l'empreinte du génie.

Telle est l'influence des gouvernements, que les mêmes hommes paraissent doués ou privés de talent selon les pays qu'ils habitent. Des ingénieurs qui s'étaient distingués dans les écoles françaises, envoyés au dehors dans les états du midi et du nord, n'ont pu lutter contre les obstacles inhérents au système établi. Leurs projets, bien conçus, à peine commencés, ont été abandonnés ; on a méconnu leur mérite ; et l'ingratitude et la persécution furent le prix de leur dévouement.

D'autres ingénieurs, moins instruits, jetés par nos révolutions dans des états bien réglés, sont devenus des hommes très supérieurs, par cela seulement qu'un libre essor a développé leur génie jusqu'alors inconnu à eux-mêmes.

Cette action de l'administration s'exerçant sur chaque habitant, un peuple devient grand et puissant ou faible et pauvre, est doté ou privé d'améliorations en raison de sa liberté. Il paraît aussi impossible de donner une bonne navigation, une prospérité croissante à un état sans institutions, que de faire croître des orangers et des oliviers en pleine terre dans le comté de Kent.

Pour obtenir de bonnes routes, il suffit d'une bonne législation.

Les pays qui nous environnent nous en fournissent des exemples qu'on ne saurait trop méditer. L'Espagne, le Portugal, l'Italie, sans bonnes administrations provinciales, n'ont pas de navigation intérieure, de fabriques nombreuses, de commerce intérieur, et décroissent rapidement; tandis que l'Angleterre, la Suisse, la Belgique, mieux administrées, marchent à une prospérité rapide qui frappe les regards des voyageurs les moins attentifs.

En Angleterre surtout, la loi donne à chacun le droit de faire; elle refuse aux comtés, aux grands propriétaires le pouvoir d'empêcher; elle impose même à ceux-ci l'obligation d'intervenir comme aides et arbitres. Le gouvernement ne se réserve les enquêtes et la sanction que pour prévenir les abus, lever les obstacles et donner aux entreprises particulières la puissance de la loi.

Le public, encouragé par cette protection et la perpétuité des concessions, a formé, depuis soixante-quinze ans, huit cents associations pour canaux, routes, docks, ponts, etc., d'un capital de plusieurs milliards. Toutes les améliorations jugées

a.

utiles, offertes sans concurrence aux souscripteurs organisés en compagnies, sont proposées par elles, rapidement exécutées et toujours bien entretenues. En tête des listes, on remarque toujours les personnes les plus illustres qui s'honorent de donner leur temps, leur fortune et leur nom à des entreprises utiles.

C'est à cette législation prévoyante qu'il faut attribuer l'esprit d'association, les belles routes, les canaux, le commerce de l'Angleterre et les principales causes de sa puissance et de sa grandeur.

Les grandes propriétés, les substitutions, les restes de la féodalité, loin de fonder en Angleterre, comme on nous l'assure, cette prospérité extraordinaire, n'ont servi qu'à ralentir sa marche progressive dans cet empire comme dans les autres. A peine les quatre mille acres d'un parc anglais peuvent-ils suffire à la nourriture des cerfs, des chevaux de chasse et des gardiens ; tandis que la même étendue, composant le territoire des villes nouvelles de Liverpool, Manchester, Birmingham, Glascow, etc., où le commerce, repoussé des campagnes substituées, s'est réfugié, où nul vestige de féodalité n'existe, produit chaque année, dans chacune de ces villes, pour deux cents millions de

valeur à l'Angleterre. Ainsi les vingt villes principales de fabrique, affranchies de toute féodalité,
donnent à ce royaume plus de revenus et de richesses que les grandes propriétés réunies.

Mais si, d'une part, l'Angleterre est retardée par
les lois féodales, elle doit, de l'autre, aux grandes
familles, les premières et les plus importantes
améliorations agricoles et industrielles ; elle leur
doit surtout la législation qui sacrifie les priviléges
et les influences locales au bien public, et protège
les associations pour travaux d'intérêt général
contre les oppositions des propriétaires à déposséder.

Les grands propriétaires, en se mettant eux-
mêmes à la tête du commerce et de l'industrie,
ont décuplé leur fortune, conservé leur influence,
et surtout acquis des connaissances positives et
spéciales, sans lesquelles leurs votes au parlement
seraient donnés de confiance, au hasard, et souvent
à l'erreur.

Ainsi la législation, en créant l'esprit d'association, en abandonnant au public les améliorations
à faire, produit des hommes, des richesses et une
puissance toujours croissante.

La France, placée au milieu d'États soumis aux

meilleurs et aux plus mauvais règlements ; encore régie par les lois du pouvoir absolu , semble comme indécise dans le choix à faire entre le régime impérial et le pacte fondamental. Aux efforts d'une génération nouvelle et généreuse, on oppose les avantages d'un système féodal qu'elle combat, les dangers de l'anarchie qu'elle repousse ; on ajourne les améliorations qu'elle réclame ; on compromet l'avenir en temporisant. Parceque d'anciens législateurs se sont trompés vingt fois, on les suppose par cela même plus expérimentés, on voudrait encore nous imposer leurs erreurs. On a laissé hors des affaires des hommes les plus capables de donner la législation qui nous manque et de la faire adopter par l'influence de leurs qualités extraordinaires, la science des hommes et des choses ; un dévouement sublime dans leur vie publique et privée , une éloquence antique et entraînante. On a de même écarté depuis long-temps des hommes très supérieurs qui ont plus cherché à mériter qu'à obtenir les fonctions élevées et variées qu'ils ont dignement remplies.

Depuis quarante ans , nous roulons dans un cercle vicieux de lois, de doctrines fausses et de systèmes politiques qui combattent l'avenir ; après les essais malheureux de quarante assemblées, de vingt ministères, de plusieurs gouvernements, la France est encore à demander et à attendre une première institution utile, une administration provinciale. La fatalité de l'ancien système est cependant bien établie par ses résultats; des guerres, des emprunts, des impôts excessifs, et un malaise qui devient général. L'agriculture souffre, le commerce languit; les ouvriers, renvoyés des ateliers, demandent du travail. Nos rivières restent dans l'état de nature; la navigation de la Seine, où tous les canaux viennent aboutir, est aussi imparfaite et barbare que sur le Don et le Volga; elle ferme les canaux qu'elle devrait réunir; les approvisionnements de la capitale n'arrivent que par des trains ou par bateaux qu'il faut déchirer, la remonte à charge étant presque impossible; nos ports se comblent, et la moitié de la France, sans navigation et sans routes, paie pour l'autre moitié seule favorisée. Telles sont la puissance des habitudes et le nombre des améliorations à faire, qu'on ne s'aperçoit de l'état reculé où nous restons qu'en visitant les contrées où, par de meilleures lois, tout ce qui a été jugé utile est achevé ou entrepris.

Vainement la France attend; d'année en année,

les souffrances et les charges paraissent plus insupportables par la réduction des ressources ; de plus
longs délais , de nouveaux obstacles aux améliorations conduiraient à des convulsions.

Si, après seize ans d'absence, un Français prison-
nier en Russie revenait dans son canton, ne retrou-
verait-il pas les règlements , les charges publiques
comme à l'époque où la France combattait l'Europe? Peut-on concevoir la possibilité de conserver
dans l'administration un esprit identique sous deux
gouvernements opposés, l'un militaire et absolu,
l'autre tempéré et paternel ?

Hâtons-nous de modifier le système impérial qui
repoussait les améliorations , et ne laissait aux agriculteurs et aux négociants, que les hommes et l'argent qu'il ne pouvait leur ôter ; sachons recréer une
administration provinciale , telle que l'exigent les
vœux du pays, les progrès du siècle, et le pacte
fondamental.

La restauration a donné à la France plus de liberté qu'elle n'en eut jamais et qu'il n'en est ac-
cordé aux autres grands peuples d'Europe ; mais
l'administration n'a pas encore pris ou proposé une
mesure qui en portât les bienfaits dans les ateliers
et les campagnes ; au lieu de soulever des discus-

sions politiques qui enflamment les passions, il serait plus nécessaire et plus facile de donner les améliorations jugées indispensables, d'augmenter les ressources publiques, de diminuer les charges par l'accroissement des richesses, et de fonder l'esprit d'association, sans lequel nulle paix intérieure, nulle prospérité ne sont durables.

Jusqu'ici le gouvernement se réservant le droit de tout faire, a tout empêché; placée à une grande distance des extrémités, son action devient impossible. Il est aussi nuisible d'exiger une autorisation de Paris pour réparer une église, une maison de ville, une route, qu'il serait funeste d'imposer aux cultivateurs des assolements ordonnés chaque année par la Société d'agriculture de la Seine; l'ordre de semer pourrait n'arriver qu'après le temps des récoltes; la liberté sans instruction fait plus que la science par ordre.

Le gouvernement tomberait sans doute dans un autre inconvénient plus grave en abandonnant sans contrôle l'administration d'une commune au conseil municipal, et celle d'un département au conseil général. Dans ce dernier cas, en établissant des états fédératifs presque toujours hostiles, il perdrait toute influence et soumettrait les cantons éloignés aux inconvénients de la centralisation de département. Les essais des conseils de district et de département rappellent, sous cette administration vicieuse, le pouvoir arbitraire de quelques hommes, l'oubli de toute amélioration, les factions, l'anarchie et tous les malheurs publics.

Mais il existe entre ces extrêmes un juste milieu, l'ancienne organisation cantonale qui fut détruite par le pouvoir impérial incompatible avec toute institution indépendante. L'expérience de nos voisins nous montre les avantages de cette division établie par les lois, et tout semble nous prescrire de l'adopter.

Nous proposons de créer une administration cantonale chargée de diriger les améliorations d'utilité publique, de percevoir les fonds, de les employer et de régler la comptabilité des travaux sous la surveillance et le contrôle du préfet.

Chacun des 2,842 cantons ayant environ 11 lieues carrées, 11,000 habitants, et payant chaque année 14,000 fr. pour les travaux publics, réunit assez d'hommes capables et de ressources pour établir et entretenir, de concert avec les ingénieurs du département, les communications nécessaires au canton.

.C'est à cette circonscription territoriale que, selon nous, doit descendre et s'arrêter la division ou l'unité administrative; au-dessous, les hommes et les revenus manquent; au-dessus, l'éloignement occasionerait par les frais de déplacement, de l'indifférence, de l'opposition ou de la mauvaise volonté.

La tâche confiée et même imposée par la loi, aux propriétaires riches, éclairés et les plus zélés d'un canton, ne leur serait point onéreuse, puisque tous pour leurs affaires ou leurs plaisirs, en parcourent souvent les principales routes. Plus le nombre des commissaires sera grand, plus la surveillance répartie entre eux deviendra facile, plus les assemblées générales auront d'indépendance et d'impartialité.

Les cent plus imposés d'un canton payant la majeure partie des contributions directes et des impôts prélevés pour les routes, seront appelés à dépenser leur argent; on ne peut leur supposer de la négligence à bien employer ces fonds. Les bonnes routes d'ailleurs étant indispensables à la prospérité de l'État, la loi leur prescrira de remplir une tâche publique et mettra à la charge du canton ou des propriétaires les fonds à demander.

Les commissaires devant faire eux-mêmes et sans frais le recouvrement des vingt centimes sur les contributions directes, ou d'environ 14,000 fr. par canton, il faut ajouter à cette somme l'économie des frais de perception, de transport à Paris et retour, évalué à 10 pour cent, c'est donc 15,400 fr. que chaque canton recevra pour le service de ses routes.

Lorsqu'on aura réduit de moitié le poids du roulage, ces fonds suffiront pour réparer, entretenir les routes royales et départementales; à cette ressource les commissaires seront autorisés à ajouter les produits des barrières pour ouvrir de nouvelles routes et les maintenir aussi belles que les routes anglaises. Ainsi, l'établissement des barrières sera facultatif; personne n'aura droit de s'en plaindre lorsque le public en fera la demande; et on doit prévoir une époque prochaine où ce système deviendra général.

L'organisation cantonale n'exclut pas l'intervention des conseils généraux. Mais ces conseils revêtus de trop grands pouvoirs, ne seraient pas sans danger; on exposerait de nouveau la France aux rivalités de province, à l'esprit d'opposition contre le gouvernement, aux factions que des hommes influents pourraient encore susciter. Des préfets indépendants et des conseils généraux permanents paraissent incompatibles. Ces conseils feraient rarement avec impartialité la répartition des fonds ; ils négligeraient les cantons éloignés limitrophes de deux départements. Lorsqu'un projet d'amélioration devrait traverser plusieurs départements, on exigerait dans chacun la direction la plus favorable au chef-lieu ; il y aurait encore opposition et ajournement. Au contraire, avec le secours d'une administration cantonale, les principaux propriétaires étant appelés à délibérer, ils proposeront d'entreprendre les améliorations utiles, sans tenir compte des limites idéales d'arrondissements et de départements, et se trouveront affranchis de l'influence des grandes villes.

Une telle institution ne saurait être repoussée comme étrangère ; elle existe en France dans le département du Nord. En vertu d'une loi, les principaux propriétaires des Watteringues, de l'arrondissement de Dunkerque, classés par sections, nomment des administrateurs ; ceux-ci votent et lèvent des impôts, les emploient directement, créent des routes, des canaux, sous la surveillance du préfet, et sont parvenus, en quinze ans, à doubler la valeur de leurs propriétés par de bonnes communications , et ne sont arrêtés que par l'administration de la guerre qui empêche l'exécution des ouvrages les plus essentiels à la prospérité de cette contrée autrefois sous l'eau.

On ne manquera pas de repousser ces institutions locales en prétendant que la plupart des cantons manquent d'hommes , que les Français n'ont pas encore l'esprit public nécessaire aux améliorations. Une excellente chaussée n'est pas plus difficile à faire qu'un mur de clôture ; dans le plus misérable canton on trouve des maçons exercés et des propriétaires habitués à les diriger. Avec le concours des ingénieurs ils exécuteront d'excellentes routes. Tout ce que les habitants des villes ne savent pas, ils supposent que la France l'ignore ; ils se jugent très supérieurs aux habitants des campagnes et dans la nécessité de les administrer.

Les Français du Canada, de la Louisiane, croyaient aussi , au moment de la cession de ces pays par la France , qu'ils ne sauraient point s'administrer ; mais après une expérience de quelques années , il s'est formé dans chacun de ces États beaucoup d'hommes très capables qui les gouvernent avec habileté. Il en serait de même dans chaque canton, où les commissaires apprendraient bientôt à diriger le service dont ils seraient chargés.

On suppose de même gratuitement que les Français ont moins de soins, de persévérance et d'instruction que les Anglais ; cependant les terres de la Flandre, de la Normandie, les vignes de la Bourgogne, du Languedoc, etc., etc., sont mieux cultivées que les campagnes de la Grande-Bretagne. Les canaux et les ponts entrepris en France par des compagnies s'exécutent aussi rapidement et sont aussi bien entretenus que les ouvrages d'Angleterre.

Dans toutes les circonstances, les Français, par cette générosité qui les distingue, ont montré plus de dévouement à leur pays que les autres nations. Ce n'est donc pas au caractère national qu'il faut attribuer l'état de la France, mais à des administrations imprévoyantes qui ont abandonné le sort des campagnes à des personnes hors d'état d'en connaître les besoins et les vrais intérêts.

Ces objections reproduites par des économistes de grandes villes seront combattues par les agriculteurs, les négociants, les commerçants à qui la France doit ses impôts et sa force.

Il existe sans doute de grandes différences entre

les deux pays : en Angleterre les grands propriétaires sont les premiers agriculteurs ; ils habitent les champs et en défendent les intérêts ; en France on a porté toute l'administration des campagnes dans les chefs-lieux, et des chefs-lieux dans la capitale. Les améliorations sont difficiles.

On refusera peut-être de consacrer dans chaque canton vingt centimes aux travaux publics comme retombant sur les grands propriétaires. Mais ces impôts se perçoivent maintenant ; la répartition et la quotité des contributions seraient les mêmes ; il y aurait seulement changement d'emploi et réduction de frais.

La création d'un conseil de travaux publics dans chaque canton n'exige pas une loi nouvelle ; on ne crée pas d'impôts, la loi des finances d'ailleurs autorise le gouvernement à concéder par ordonnance à des compagnies les travaux en rivières, les ouvrages d'art, les ponts, etc. ; il suffirait de comprendre dans ce paragraphe : Les canaux et les chemins neufs.

Les commissaires-voyers sont aussi institués par une loi, et le gouvernement a le droit de nommer des arbitres pour régler les intérêts entre les propriétaires à déposséder et les compagnies exécutantes. Cette disposition tout administratiev, qui appartient de droit au gouvernement, n'exclut pas l'appel aux tribunaux et le jugement définitif par les cours royales.

L'administration des commissaires de canton ne contribuerait pas seulement à la restauration des routes royales et départementales actuelles ; elle déterminerait l'organisation de compagnies et l'exécution par elles des canaux et des routes qui nous manquent. Toutes les classes d'ouvriers maintenant sans travail seraient employées ; le peuple, plus occupé, plus aisé, ferait prospérer par une plus grande consommation l'agriculture et les manufactures. Les capitaux sans emploi recevraient une destination favorable au public ; un mouvement général d'activité se manifesterait de toutes parts ; et au moyen d'associations nombreuses, on verrait rapidement s'effacer les dernières traces de nos malheurs publics.

Le système proposé est sanctionné par le temps ; on le doit à la raison éclairée des nations les plus avancées. Nous en trouvons l'esprit dans les édits de nos plus grands rois, dans les lois françaises plus nouvelles, et dans les actes du parlement d'Angleterre perfectionnés par de longues enquêtes.

Cette même législation s'est introduite en Suisse, en Belgique, en Prusse, en Saxe, etc., etc., et produit partout les mêmes résultats. La France, qui a donné les premiers et les meilleurs exemples de travaux et de législation, pourrait-elle rester plus long-temps fort en arrière des autres peuples?

Nous pensons que les canaux exécutés, les rivières navigables et flottables et les routes et canaux à ouvrir, doivent être concédés à perpétuité à des associations à leurs frais et périls, à charge par elles de se conformer aux clauses des traités.

Nous tâcherons, dans les considérations générales, de donner plus de développement et de clarté aux observations que nous venons de présenter, et de montrer surtout que la France ne peut espérer de prospérité et de sécurité qu'en encourageant les associations et en leur confiant l'exécution des grands travaux.

Comme les adversaires des changements proposés prétendent que la France repousse ces améliorations, et qu'il faut les ajourner, il nous a paru nécessaire de réunir les documents officiels qui justifient les projets de législation spéciale présentés et donnent à chaque personne les moyens de les rectifier, et de combattre les oppositions par des faits.

Nous donnons sur la législation des travaux publics et des barrières les actes du parlement d'Angleterre, les ordonnances du roi des Pays-Bas, les édits de Henri IV et de Louis XIV, des décrets et règlements de France, des notices sur les prix des transports en France et en Angleterre, et des projets de législation pour l'exécution et l'entretien des canaux et des routes.

De nombreuses occupations nous ayant empêché de terminer cet écrit imprimé en partie depuis trois ans, on remarquera dans les propositions faites à plusieurs années d'intervalles, des modifications que l'expérience et les réflexions sur ces graves questions manquent rarement de produire.

Député d'un arrondissement qui paie pour des routes qu'il n'a pas, où le sol peu fertile et les produits presque sans valeur sont deux fois plus imposés que dans les départements les plus riches, nous avons cherché et indiqué les moyens de donner aux campagnes de la France la prospérité des villes, sans espoir cependant d'un prompt succès. Un profond politique a montré

que la législation d'un pays ne pouvait être perfectionnée que par un seul homme ayant toute
puissance. Ainsi nulle amélioration n'est à espérer
que par un premier ministre sachant voir, vouloir et persévérer.

CONSIDÉRATIONS

SUR

LA LÉGISLATION

DES TRAVAUX PUBLICS

EN FRANCE.

Le pacte fondamental et les lois du royaume consacrent les principes d'égalité et de justice qui pénètrent de plus en plus dans l'esprit et les mœurs des Français, et par une contradiction inexplicable, ces principes, causes de durée et de grandeur des États, sont violés dans les applications.

Deux grandes familles partagent la France; la population des villes, de cinq millions et demi (1) d'âmes, la population des campagnes, de vingt-

(1) La population des 354 villes, de 5,000 âmes et au-dessus, est de 5,000,000
La population des 958 communes, de 1,500 à 5,000 âmes, est de 2,000,000
Mais les habitants des communes, de 1,500 à 5,000, étant presque tous agriculteurs, nous avons compté pour les villes 5,500,000
Et pour les campagnes 26,500,000
dont le rapport est environ de 1 à 5.

six millions et demi. Leurs travaux différents,
lorsqu'ils sont également protégés par des lois im-
partiales, prospèrent ensemble par une influence
réciproque, et concourent de même à la puissance
de l'État. Il faut, dans le voisinage des campagnes,
des villes manufacturières, peuplées et riches;
il faut aux villes de fabrique des cultivateurs
aisés, des consommateurs nombreux. Toute préférence exclusive accordée à l'industrie des villes ou
à celle des campagnes ne tarde pas à les ruiner
toutes deux. Tel est le danger qui menace la France,
si on continue à distribuer inégalement les charges
et les faveurs.

Les contributions indirectes établies sur la consommation, et particulièrement l'impôt sur le sel,
le tabac, les boissons, etc., sont payés par tête,
sans tenir compte de la fortune.

Les habitants des campagnes supportent même,
dans une plus grande proportion que leur nombre,
les quatre contributions sur les boissons et les impôts sur le sol et le sel.

Les propriétaires du sol, les cultivateurs, vi-
gnerons et autres habitants des campagnes paient
directement ou indirectement les cinq sixièmes du
milliard du budget.

Il ne reste réellement à la charge des villes qu'environ le sixième.

Mais dans la dépense du milliard, cette proportion est intervertie; les académies, les lycées, les
colléges, les écoles de droit et de médecine, les

administrations, les tribunaux étant dans les villes, c'est dans les villes seulement qu'on peut acquérir les connaissances, ou faire les années de surnumérariat exigées avec raison pour arriver aux diverses fonctions publiques; la distribution de la majeure partie du milliard appartient donc aux habitants des villes. Ainsi l'article du pacte fondamental qui déclare les Français également accessibles à tous les emplois est une illusion, puisqu'en réalité la jeunesse des campagnes qui ne reçoit pour son instruction qu'un millième du budget, en est, pour ainsi dire, exclue.

L'administration sans doute fait ouvrir des cours publics et gratuits de sciences, de dessin, etc., mais dans les villes seulement; elle impose par leur éloignement des conditions difficiles à remplir par les enfants des campagnes, qui ne peuvent aller aux écoles que tardivement et à grands frais, chercher une instruction d'ailleurs presque inutile pour la direction des travaux de l'agriculture et des manufactures.

Comparons le sort des familles de deux frères ayant chacun un capital de cent mille francs, l'un résidant dans une ville, et l'autre à la campagne; le premier, dont la fortune, ordinairement placée en rentes sur l'État, n'est atteinte par aucune contribution directe, pourra donner une éducation soignée à chacun de ses enfants; ses fils, à dix-huit ans, réuniront les connaissances nécessaires pour être admis dans la marine, l'armée, la magistrature et

c.

les autres services publics. Le second frère ne retirera de ses domaines que quatre mille francs de
revenus au plus, dont il faut retrancher les contributions directes et indirectes, les pertes causées
par des saisons rigoureuses ou par les frais des
récoltes souvent de peu de valeur; il se trouvera
hors d'état d'envoyer ses fils en pension dans une
ville éloignée. La loi imposera également aux enfants de l'un et de l'autre l'obligation d'être militaires. S'ils suivent cette carrière, les uns arrive-
ront à des grades supérieurs après dix ou douze ans
de service; tandis que les autres n'obtiendront que
difficilement, dans le même temps, le grade donné
aux premiers en sortant des écoles.

Plus on approfondit ces graves questions, plus
on reconnaît qu'en France les habitants des campagnes sont comme les ilotes des habitants des
villes; que tout est charge pour les uns, tout est
faveur pour les autres.

Compulsons les almanachs, les cadres de l'armée, de la marine, le tableau des fonctionnaires,
des administrations, la liste des pairs de France,
des députés, etc., nous trouverons que dans les
premiers emplois, sur six places, cinq deviennent
le patrimoine des habitants des villes, et à peine
une seule est-elle obtenue par un propriétaire résidant à la campagne.

Cette inégalité est plus frappante encore dans la
répartition des fonds destinés aux travaux publics.

Les sommes consacrées à l'ouverture et à la ré-

paration des routes royales, des ponts, des canaux,
des ports de mer, sont prélevées sur les impôts publics, c'est-à-dire, un sixième est acquitté par les
villes, et cinq sixièmes par les campagnes, et cependant l'emploi n'est pour ainsi dire profitable qu'aux
villes, et surtout aux villes principales, où toutes
les grandes communications viennent aboutir.

Une législation sage et généreuse, qui rendrait
les divers arrondissements du royaume solidaires,
et tendrait à déverser sur les cantons pauvres
l'excès des ressources des contrées les plus riches,
captiverait les suffrages de tous, et mériterait la
sanction publique. Malheureusement, le contraire
a lieu; les arrondissements pauvres sont les plus
écrasés par les charges, et chaque année, la presque totalité de leurs revenus nets, que les impôts
enlèvent avec rigueur, est répandue avec prodiga-
lité sur les départements les plus riches.

Le tableau que nous avons dressé de l'étendue,
de la population, de la longueur des routes, des
sommes accordées à chaque département, des
contributions directes qu'ils acquittent, des fonds
auxquels ils auraient droit par leurs contributions
directes dans la répartition de vingt millions consacrés aux routes, justifie ces observations et montre
que la communauté d'intérêts entre les départements tourne au profit des plus riches et à la ruine
des plus pauvres.

Si nous comparons les divers arrondissements
et les divers cantons d'un même département,

nous retrouvons la même inégalité, la même violation des principes de justice.

Il suffira pour s'en convaincre d'examiner la
carte de France. On remarquera que dans la distribution des routes royales on a sacrifié les départements éloignés aux départements du centre;
et, dans chaque département, les cantons frontières aux chefs-lieux. Nous avons indiqué cent neuf
surfaces de 150 lieues carrées chacune environ,
ou ensemble 16,000 lieues carrées dont les bords
sont à plus d'une lieue de toute route royale.
Ainsi plus de la moitié de la France paie la moitié
des dépenses annuelles d'entretien des routes et
des ponts, sans profiter directement des avantages
que les communications procurent.

On voit encore que les contrées placées aux limites de deux départements ont toujours été négligées, et ne sont comptées que dans la répartition
des impôts.

En remontant aux causes, nous expliquerons facilement ces résultats.

Lorsque la France fut divisée en départements,
les provinces mieux administrées, moins imposées,
plus riches, et par cela même représentées par des
députations plus nombreuses, obtinrent que les
impôts établis fussent continués ou répartis d'après
les bases jusqu'alors adoptées; il y eut ainsi distribution arbitraire ou inégale des charges et des faveurs; les départements riches firent supporter par
les autres une partie de leurs contingents, et ré-

glèrent à leur profit les lois de douane, le classe-
ment des routes, et surtout la répartition du
nombre des députés. Les départements qui n'a-
vaient droit, par leur étendue et leur population,
qu'à six députés, en ont obtenu sept ou huit, et les
départements qui devaient en avoir quatre ou cinq
ont été réduits à trois ou quatre. De même, dans
chaque département, les arrondissements les plus
riches sont mieux représentés au conseil général,
et par cela même beaucoup moins imposés que
les arrondissements en montagnes ou pauvres.

Les inconvénients d'un pouvoir central se font
surtout remarquer dans la répartition des fonds
pour les routes. Le gouvernement prend à sa
charge trente-deux millions de mètres ou huit
mille lieues de routes royales, et affecte à leur
réparation annuelle environ vingt millions; en
distribuant par département ces longueurs dans le
rapport combiné de la population et de l'étendue,
et ces sommes, d'après les contributions directes,
le département de l'Aisne, par exemple, qui n'aurait droit qu'à un entretien de 468,6o3 mètres de
longueur de route, et à une somme annuelle de
343,7ıo fr., obtient 495,9ı7 mètres et 389,999 fr.
par an; il en est ainsi des départements de l'Ar-
dèche, des Ardennes, de l'Aube, du Cantal, du
Gers, du Loiret, de la Lozère, de la Marne, de la
Haute-Marne, de la Meuse, de la Moselle, de la
Nièvre, de Seine-et-Marne, qui ont tout à la fois,
et plus de longueur de routes entretenues que leur

contingent, et plus de fonds qu'ils n'en donnent pour ce service.

Comment le département du Jura pourrait-il être plus long-temps condamné à payer chaque année pour les routes royales 164,354 fr., et à ne recevoir que 116,659 fr., lorsque dans cette contrée montueuse les routes mal tracées ont une pente d'un douzième, d'un dixième, d'un huitième, et sont presque impraticables pendant six mois d'hiver? Le Jura devrait-il être appelé à payer une portion des 800,000 fr. alloués chaque année extraordinairement au département de la Gironde, le plus favorisé par la richesse du sol et des habitants, et par ses établissements maritimes? Des répartitions aussi inégales, aussi injustes, des fonds affectés aux routes départementales ont de même lieu dans chaque département entre les arrondissements.

Si nous passons des routes aux canaux, les rapprochements analogues conduisent à des contrastes plus surprenants et montrent mieux les inconvénients de la distribution actuelle des fonds. En général les ouvrages de navigation ne s'établissent encore que dans les contrées basses, dans les vallées fertiles, et c'est pour enrichir davantage ces cantons, où tout abonde, qu'on impose extraordinairement les pays de montagne, où tout manque, où l'on ne peut ouvrir que difficilement des lignes navigables, et où nulle amélioration notable n'a été exécutée.

Les dépenses publiques faites dans les ports étant prélevées en partie sur les cantons éloignés des côtes, contribuent sans compensation à augmenter l'état de leur misère. La moitié de la France qui paie la moitié des sommes consacrées à la marine, aux colonies, est dans l'impossibilité de communiquer avec les ports, et de profiter des sacrifices imposés pour le service du ministère de la marine.

A l'inégalité des distributions se joint presque toujours l'erreur dans les applications des fonds publics.

Un projet gigantesque séduit le gouvernement; on suppose que la gloire de l'État est intéressée au succès; on sacrifie à entamer, à continuer des entreprises de luxe, les fonds qui eussent suffi à féconder plusieurs arrondissements en adoptant un système meilleur ou plus juste de distribution.

Avec les 20 millions dépensés à Cherbourg, ville isolée par des montagnes escarpées, où nul canal n'arrive et ne saurait arriver, vingt départements auraient déjà les communications qu'ils réclament inutilement, et qu'ils n'obtiendront jamais en continuant la marche suivie.

Si nous passons des communications à entretenir, aux ouvrages à terminer, l'impossibilité de satisfaire maintenant à des dépenses indispensables nous montre les inconvénients du mode adopté, et nous conduit heureusement à un meilleur système réclamé par beaucoup d'hommes d'État, et justifié par l'expérience des peuples les plus civilisés.

Les tableaux dressés avec soin par département

et par des ingénieurs fort exercés, constatent qu'un fonds extraordinaire de 200 millions est nécessaire pour achever les routes et les canaux commencés.

Le gouvernement, qui ne peut se dispenser de faire terminer et entretenir ces ouvrages, doit-il imposer cette somme ou augmenter la dette publique de ce capital? Dans l'un ou l'autre cas, on fera payer environ 800,000 fr. à chacun des 277 arrondissements pour des travaux qui ne profiteront nullement à plusieurs.

Nous citerons, par exemple, l'arrondissement de Saint-Claude, du département du Jura, où il n'existe ni canaux, ni routes royales, où les habitants sont obligés de passer à gué les rivières ; de quel intérêt peuvent être à cette contrée les monuments d'architecture ordonnés récemment sur la Loire, sur la Seine, en Gascogne ou en Bretagne? Ces 800,000 fr. serviraient à ouvrir dans le Jura des chemins indispensables, et à diminuer les frais de transport des produits du sol, en grande partie absorbés par les impôts.

En revenant à la législation des plus grands et des meilleurs rois de France, des autres princes de l'Europe qui, en donnant à leurs peuples, par des institutions, une prospérité rapide, ont mérité une véritable gloire, les difficultés se résoudront, les embarras disparaîtront, et la France fera cesser l'état de malaise qui se manifeste de plus en plus dans les villes de fabrique comme dans les campagnes.

Nous savons que beaucoup d'hommes d'État très supérieurs, jugeant la France nouvelle par l'ancienne, encore préoccupés des pensées dominantes du dernier siècle, regardent comme insurmontables les obstacles qu'on oppose aux améliorations, et semblent presque désespérer de notre avenir. Mais un plus grand nombre encore d'agriculteurs, de manufacturiers, de négociants, qui joignent le courage et la persévérance aux connaissances positives, aux talents et aux lumières, et exercent une heureuse influence dans leurs arrondissements, parviendront rapidement à naturaliser de nouveau les meilleurs systèmes d'administration. Dans la situation des choses, ajourner, temporiser, c'est tout compromettre. Le succès ne saurait s'obtenir qu'en éclairant le public et en entrant franchement dans le meilleur système. Cette conviction nous a déterminé à proposer le mode le plus conforme à l'esprit de notre gouvernement, et le plus parfait pour l'exécution et l'entretien des routes, des ponts et des canaux.

DES ROUTES ROYALES
ET DÉPARTEMENTALES,
ET DE LEUR ENTRETIEN PAR DES DROITS DE PASSE.

La classification des routes en routes royales et départementales est la source des erreurs commises dans la répartition des fonds. Les routes directes de Nantes à Lyon, ou de Bordeaux à Metz, qui n'existent pas, seraient aussi utiles à un grand nombre d'arrondissements, que les routes de Paris à Brest ou à Cherbourg. Il paraît aussi essentiel d'ouvrir les communications qui manquent que d'achever les parties commencées; et il faut ou les exécuter toutes sur les fonds communs, ou adopter pour toutes également l'intervention du pays ou des compagnies. Ne réparer aux frais de l'état que les chemins qui traversent les grandes villes, c'est accroître la détresse des campagnes qui manquent de chemins, et qu'on impose pour les dépenses utiles seulement aux grandes cités.

« Lorsqu'on fait ou qu'on entretient les grands » chemins, les ponts et les canaux, etc., avec le » commerce même qui se fait par eux, on ne peut » en établir que dans les endroits où le commerce » en a besoin, et où il est par conséquent à propos » d'en faire. »

Cette maxime de Smith, adoptée par les économistes, que personne n'a combattue, peut être ainsi traduite : Les ouvrages d'utilité publique doivent être confiés à des compagnies exécutantes à leurs frais et périls, ou aux localités chargées de déterminer l'utilité des travaux et d'en acquitter les dépenses.

La violation de ce précepte a occasioné des pertes incalculables en retardant les progrès de l'agriculture et du commerce.

En effet, l'expérience montre que les ouvrages entrepris au compte d'une administration, et particulièrement les canaux, sont plus largement projetés, plus lentement exécutés, rarement achevés et entretenus; qu'ils n'ont jamais donné les intérêts des fonds; les capitaux ainsi dépensés sont en partie perdus.

Les gouvernements avertis trop tard de leurs erreurs, se trouvent forcés d'avoir recours à des associations, et de confier la conduite des grandes entreprises à des compagnies qui savent découvrir les hommes les plus habiles pour les diriger, réunir les fonds nécessaires pour les achever, et imprimer une action uniforme, constante, qui triomphe de tous les obstacles.

Un gouvernement ordonne souvent de préférence des routes larges, en ligne directe à travers les montagnes et les vallées, et toujours dirigées de la capitale aux grandes villes, et par les contrées les plus riches, et le plus en état d'en acquitter les frais.

Dans les répartitions des fonds publics destinés aux travaux, les contrées éloignées sont souvent négligées et forcées de payer leur cote-part des entreprises obtenues de préférence par les arrondissements voisins de la capitale.

Lorsqu'on laisse à l'administration supérieure le pouvoir de distribuer les fonds publics destinés aux routes, d'en accorder ou d'en refuser; avec les intentions les plus droites, elle favorise quelques contrées au détriment de toutes les autres.

Il paraît juste de faire payer les routes par ceux qui en profitent, au moyen des droits de passe, de prévenir ainsi les sollicitations, les réclamations, les injustices. Ces vérités, généralement admises en principe, sont encore considérées comme d'une application difficile; on craint de soulever des intérêts compliqués, de lutter contre la puissance des habitudes.

Il nous semble cependant qu'il y a urgence, nécessité et facilité de mettre immédiatement cette doctrine en pratique; de faire ouvrir et réparer les canaux et les chemins aux frais de ceux qui passent ou qui en profitent.

Nous proposons toutefois de rendre le système de barrières facultatif; d'obliger les cantons d'ouvrir, d'achever et d'entretenir à leurs frais les chemins jugés utiles, et de suppléer au fonds commun par l'emploi des barrières. Nous avons surtout cherché dans le projet de loi à prévenir tous les inconvénients qui ont, avec raison, soulevé le public contre ce mode de perception.

Le système des barrières, tenté en France en 1796, a complètement échoué; mais pouvait-il en être autrement avec une législation contraire à tout principe d'économie publique? L'administration voulait, de Paris, choisir les employés; surveiller, diriger les ouvrages, ôter aux localités toute intervention; elle ne tenait compte ni des besoins, ni des intérêts provinciaux, ni des réclamations multipliées et justifiées; elle ne voulait que des produits sans tenir compte des réclamations. Les barrières étaient placées à la sortie des villes, entre les cités et les faubourgs, au centre du mouvement commercial. Sans user les routes, sans intention de les parcourir, on était souvent arrêté; tout devenait entrave, obstacle et motif de mécontentement.

L'administration de ces temps de perturbation, aveugle dans ses violences, ignorante dans ses imitations, imprévoyante dans ses mesures, sourde aux justes réclamations, livrait le public à l'arbitraire de ses agents subalternes, à tous les excès, à tous les abus; on pouvait inquiéter, persécuter les habitants. L'exécution, l'interprétation, les condamnations presque sans appel étaient laissées à des employés choisis au hasard et revêtus d'une autorité sans bornes.

Plus les plaintes étaient nombreuses, plus les réparations devenaient difficiles.

Les habitants, les autorités locales luttaient sans force contre les vexations des agents étrangers au service des ponts et chaussées, envoyés de la capitale par des commis, et imposés aux départements.

Nous repoussons le système des barrières tel qu'il était établi par les lois obscures (1), contradictoires, de cette époque; nous serions les premiers à combattre une pareille législation des routes.

L'acte du parlement d'Angleterre que nous rapportons est le fruit de longues investigations d'un peuple grave et éclairé, qui, par une persévérance d'un demi-siècle est parvenu à satisfaire les exigences et à prévenir tous les inconvénients.

Nous proposons d'en admettre les principes en modifiant ce qui a paru contraire à nos habitudes, mais de laisser aux départements et aux cantons le droit de fixer l'époque du rétablissement des barrières.

Ainsi ce mode d'entretien n'est point imposé, mais plutôt soumis à l'examen, au libre choix des cantons. Si les fonds alloués dans un canton suffisent pour ouvrir et entretenir les routes, les barrières ne seront pas établies ; si les ressources ordinaires sont trop faibles, les cantons seront autorisés à établir des impôts extraordinaires, des emprunts ou des droits de barrière pour payer les intérêts et rembourser le capital.

Si les barrières, après avoir été mises, sont jugées nuisibles ou seulement inutiles, elles seront provisoirement enlevées sur la demande de l'ad-

(1) Nous avons donné à la suite de ce Mémoire le texte des lois sur les barrières.

ministration cantonale jusqu'à ce qu'elle en réclame de nouveau l'emploi.

Mais chaque canton formant une administration provinciale (1), doit aux habitants et à la
France l'ouverture et l'entretien de quatre communications dirigées dans les villes et les marchés
les plus considérables du voisinage. C'est aux principaux habitants à parvenir à ce but, à remplir
une obligation d'intérêt public, en adoptant les
moyens les plus économiques et les meilleurs.

En proposant de créer une administration provinciale par canton pour l'exécution du code des
routes, nous sommes loin de supposer qu'il faut
laisser toute puissance à cette autorité locale;
il en résulterait, sans contredit, des discussions
interminables, inaction ou désordre, dans une commune; quelque bornées que soient ses limites,
ne fût-elle composée que de vingt chaumières, la
population est travaillée des mêmes passions, des
mêmes rivalités qu'une grande ville; son conseil,
quoique composé des plus dignes, est presque dans

(1) L'administration cantonale proposée peut être formée
maintenant comme après l'organisation municipale, puisqu'elle se composerait de trente-six commissaires choisis parmi
les cent contribuables les plus imposés. Les commissaires seraient appelés à dépenser les fonds qu'ils paient; car, en général, les cent principaux contribuables paient la plus grande
partie des impôts directs d'un canton.

Les commissaires seraient nommés par les municipalités actuelles ou par les nouvelles; et, dans les deux cas, le choix
offrirait toute garantie.

d

l'impossibilité de faire le bien, et même d'agir. Tout est contradiction, opposition, animosité, inimitié. En parcourant les villes et les villages nous remarquons partout que les règlements ne sont point observés; que nulle amélioration n'est tentée, n'est même possible sans le secours d'une loi plus forte.

Il faut donc que le gouvernement, par le code des routes, impose l'obligation de faire; qu'il en fixe l'époque, en détermine le mode; qu'il prescrive les peines encourues pour négligence; qu'il désigne une autorité responsable de l'exécution de la loi et des retards.

Laisser à un conseil communal le pouvoir d'ajourner ou de refuser, c'est déclarer qu'il y aura inaction, opposition; car toujours des mécontents se feront un mérite de combattre l'autorité. Mais si la loi, reconnue juste et nécessaire, est inflexible dans ses commandements; si elle condamne à des peines sévères la violence et la mauvaise volonté, nul obstacle ne se présentera, les améliorations deviendront dès lors faciles.

L'ordre étant donné et invariablement réglé, l'intervention locale est utile et très nécessaire pour exécuter la loi dans les limites tracées, et exercer une surveillance de tous les instants.

Les fonds affectés à l'entretien des routes d'un canton étant presque entièrement fournis par les cent propriétaires les plus imposés, il est juste qu'ils soient appelés à en diriger l'emploi; seulement il ne doit leur être permis ni de refuser les impôts, ni de leur donner toute autre destination que la restauration des routes désignées. Si les sommes accordées sont insuffisantes, les agents de l'administration en rendront compte à l'autorité supérieure, qui autorisera ou prescrira les moyens de pourvoir aux dépens supplémentaires et obliger les commissaires à remettre les routes en parfait état.

Chaque année et même chaque trimestre, les ingénieurs examineront les routes, dresseront des devis de restauration, de réparation, et proposeront la suspension des barrières sur les routes mal entretenues et en mauvais état.

Nous avons proposé de n'établir les barrières qu'entre deux chefs-lieux de canton, et à une lieue du centre d'une ville ou du bourg chef-lieu de canton, afin d'économiser les frais de perception et d'éviter des embarras au commerce. Cependant, comme les charges des routes seront cantonales, on fera à chaque barrière le décompte de ce qui reviendra par canton en raison de la distance parcourue sur le territoire de chacun. Des bornes étant placées à la limite de chaque canton, les routes seront mesurées, et il sera fait par l'administration supérieure un règlement de répartition des droits de passe et d'un fonds spécial par canton.

D'après les dispositions générales de cette loi on crée des recettes pour les dépenses; on donne

d.

aux contribuables la mission de diriger l'exécution des devis dressés par les ingénieurs, et de surveiller avec eux l'emploi des sommes qu'ils paient; on établit une autorité supérieure qui prévient les conflits; on garantit le pays de l'influence arbitraire des coteries locales, on les empêche de saisir le pouvoir, de l'exploiter, d'en faire sentir le poids aux personnes ennemies ou rivales, ou de secouer tout frein de gouvernement; enfin, on prévient l'ancienne lutte toujours active et souvent funeste entre le ministère et les hommes dominants des provinces.

Si quelques doutes se sont élevés sur la possibilité et l'utilité de rétablir le droit de passe pour l'entretien des routes anciennes, il n'est pas, à notre connaissance, une seule personne qui ne trouve juste d'ouvrir les routes neuves, de construire des ponts au moyen des péages ou par des compagnies exécutantes; la voie nouvelle ne privant pas de l'ancienne, chacun est maître de choisir; l'impôt est volontaire, et se trouve justifié par les avantages qu'il procure à ceux qui veulent en profiter et payer.

Il semble naturel de régler d'abord la législation des barrières pour les routes neuves concédées à des compagnies chargées de les ouvrir et de les entretenir; on prendra pour base les devis des chemins en fer nouvellement achevés ou entrepris.

Les plus ardents contradicteurs du système de barrières ont trouvé très justes les lois et ordonnances qui ont autorisé l'exécution des chemins en fer par des péages ; les routes en pavés, en cailloutis sont plus utiles encore par le plus grand nombre d'applications. Il n'est pas un arrondissement où l'on ne puisse en établir de semblables avec avantage.

Dans le projet de législation des routes à barrière nous nous sommes attaché à déterminer le tarif par les dommages présumés, à prévenir les dégradations par des primes accordées au meilleur système de roulage, et à encourager l'amélioration des races de chevaux.

Une voiture attelée d'un seul cheval n'étant presque pas préjudiciable aux chaussées, n'est pas imposée à la moitié d'une voiture à deux chevaux.

Une voiture à deux chevaux occasionant des dégâts plus que doubles, paie dans la proportion des pertes, et ainsi des autres.

Ce n'est donc pas le cheval qui paie, mais la charge ; et plus elle augmente, et plus la taxe croît rapidement (1).

Les chevaux sans doute ont une force inégale, ainsi la taxe frappera moins les meilleurs chevaux que les plus mauvais ; les races s'amélioreront ra-

(1) Il serait plus juste encore de faire payer les chariots de roulage en raison de la charge, au passage des ponts à bascule ; mais il faudrait beaucoup de ponts et beaucoup de temps pour régler les droits. On se propose, malgré cet inconvénient, d'arriver en Angleterre à cette justice parfaite.

pidement, et dans peu la France se trouverait affranchie des sommes payées pour importation des chevaux.

Une voiture à quatre roues, attelée du même nombre de chevaux qu'une voiture à deux roues est moins taxée, parceque les dégradations sont proportionnelles au poids de chaque roue; ainsi, avec la même charge et le même nombre de chevaux, une voiture à deux roues cause deux fois plus de dommages qu'une voiture à quatre roues. De même le passage de cent roues pesant chacune cinq cents livres, ou ensemble cinquante mille livres, fera moins de mal qu'une seule roue portant une charge de cinq mille livres.

D'après ce principe et des expériences multipliées, les charges tolérées ont dû être beaucoup réduites.

On sait que les voitures qui peuvent porter, d'après les règlements, de onze à douze tonneaux, brisent les cailloutis, enfoncent les pavés et causent par jour dans les temps de dégel plus de pertes que le prix du transport; c'est donc le public, et particulièrement les campagnes, qui, d'après le système actuel, paient en partie les frais de transport des marchandises d'une ville à l'autre.

En graduant les droits en raison du nombre des chevaux, on prévient les accidents, les dégradations, sans accroître les dépenses des transports; car le roulage par des voitures à un cheval de la Franche-Comté se fait concurremment et au même prix dans toute la France que par un chariot attelé de six et huit chevaux, chargé de dix, onze et douze tonneaux, et les dégâts pour une même charge sont souvent dans le rapport de un à dix.

Nous chercherons à répondre à quelques objections reproduites contre l'établissement des barrières.

PREMIÈRE OBJECTION. *L'établissement des barrières augmenterait les frais de transport et nuirait au commerce.*

Nous répondrons en citant l'expérience acquise dans les pays où les droits de barrière ont été récemment établis; les routes suffisamment, régulièrement dotées et réparées étant beaucoup meilleures, on a pu diminuer le quart des chevaux pour conduire dans le même temps la même charge; et on a obtenu une économie qui compense et au-delà les péages. D'après le tableau des prix de transport de Paris aux principales villes de France, le prix moyen est de 1 franc 30 par cinq kilomètres et par tonneau. Les droits de barrière augmenteraient les frais de 0 15, ou du neuvième, tandis que l'économie sur l'attelage serait de 0 fr. 30; le voiturier obtiendrait donc un bénéfice du dixième par l'établissement des barrières, c'est-à-dire par la réparation complète des routes en adoptant le meilleur mode d'exécution et d'entretien.

DEUXIÈME OBJECTION. *Les barrières entravent la libre circulation.*

Les diligences marchant régulièrement s'abonnent et règlent les droits par quinzaine; les postillons paient au retour; les voyageurs ne sont donc ni arrêtés ni retardés.

Les personnes qui voyagent souvent dans un canton peuvent s'abonner au mois et à l'année, et s'affranchir des barrières. Les cochers de voitures particulières connaissant les tarifs, préparent d'avance la taxe, et en passant la donnent au percepteur sans s'arrêter.

Les rouliers, qui marchent toujours au pas, et s'arrêtent plusieurs fois chaque lieue, sont tenus de passer sur les ponts à bascule près des barrières; l'acquittement des droits n'est point une cause de retard. Les routes étant meilleures, on circule plus rapidement; ainsi les barrières, loin de retarder la marche, contribuent à diminuer le temps des voyages par le meilleur état des routes.

Troisième objection. *Les frais de perception absorberont une grande partie des revenus.*

Les barrières étant placées à de grandes distances, le nombre en est très réduit; en le supposant de cinq mille, et les bénéfices d'un fermier de 150 fr., la dépense pour un produit d'environ 30 millions serait de 750,000 fr., ou du quarantième, ou de deux et demi pour cent; tandis que les autres contributions coûtent dix pour cent. Il n'est donc pas d'impôt qui soit perçu à un taux aussi bas.

Les recettes d'ailleurs ne doivent pas être données à des protégés; on les loue à des fermiers, à des pères de famille qui offrent le taux le plus élevé, qui placent la barrière devant leurs portes et font faire ce service par leurs enfants.

En Belgique, la perception ne coûte pas au fermier une perte de temps de cinquante francs par an. Les mêmes résultats peuvent être obtenus en France, où l'on trouve dans chaque chef-lieu de canton des familles qui manquent d'occupation.

QUATRIÈME OBJECTION. *On est tenté d'éluder les barrières ; il en résulte des contraventions , des procès et des entraves dans la circulation.*

Chaque barrière étant adjugée séparément au percepteur qui offre davantage et qui touche la taxe pour son compte, cet homme, peu aisé, mais offrant toute garantie par les sûretés et les cautions qu'on en exige, ne peut abuser de ses fonctions, ni supposer qu'on le privera de ce qui lui est dû. Il n'arrivera à la pensée de personne de frustrer un malheureux d'une rétribution qui lui appartient et qu'il doit rembourser.

Ce sentiment est tellement dominant, que jamais en Belgique on ne pose de barrières; un voyageur ne la reconnaît que par la lanterne et la pancarte du tarif placée au bas du poteau; il a grand soin d'appeler le percepteur pour acquitter une dette que celui-ci n'a presque jamais l'occasion de réclamer. Ordinairement même le percepteur propose au voyageur de ne payer qu'à son retour.

CINQUIÈME OBJECTION. *Le contrôle des percep-*

teurs est difficile, et leur infidélité peut faire per-
dre une grande partie des produits.

Les percepteurs étant en même temps fermiers, il n'y a pas de surveillance à exercer, ni de perte à craindre. Seulement ils tiennent registre des droits reçus sur chaque côté de la route, pour que la distribution des produits ou du montant du fermage se fasse selon les longueurs parcourues sur chaque canton. Le fermage par barrière, par bail de trois ans, prévient tous les abus qui ont existé ou les pertes qu'on pourrait craindre.

Sixième objection. *Beaucoup de contrées sont pauvres, peu habitées, peu fréquentées; les droits de barrières rendraient peu et beaucoup moins que les frais d'entretien des chaussées.*

Dans ce cas, les routes se dégradent très lentement et seulement par l'action des eaux et des gelées; il ne faut alors que de faibles ressources pour les réparer et les entretenir toujours en bon état.

Les 20 centimes prélevés sur les contributions directes et affectés à l'entretien des routes suffiront alors, et au-delà, pour payer de tels dommages; car une chaussée bien établie, peu fréquentée, résiste parfaitement aux pluies, à la gelée, et on arrive à la maintenir toujours bonne à très peu de frais. C'est donc principalement dans de telles localités que la combinaison d'entretenir les routes par le produit de 20 centimes sur les contributions directes et par les droits de passe réussira complètement.

En Amérique, dans les contrées éloignées des

côtes, où l'on compte à peine un propriétaire par mille carré, les routes actuelles ont été établies par le système de barrières ; d'abord on s'est borné à ouvrir des chemins en terrain naturel, et les droits de passe ont remboursé les dépenses. La population croissant avec le commerce favorisé par les routes, les recettes ont augmenté ; et avec les nouveaux produits on a construit des chaussées, des ponts ; et on arrive chaque année par ce système de barrières, et en empruntant des fonds aux capitalistes, à ouvrir toutes les communications utiles sans secours de l'État.

Septième objection. *L'esprit français repousse le système des barrières.*

Les Français, avec raison, ont demandé la suppression des barrières, et doivent s'opposer à leur rétablissement, si la nouvelle législation, comme l'ancienne, rendait cet impôt vexatoire.

Mais les Français, plus que les autres peuples, ont besoin de voyager, d'arriver rapidement, commodément sur les divers points du royaume. S'il est démontré, ainsi que nous en avons la conviction, qu'on ne peut obtenir ces avantages que par les barrières, est-il une seule personne qui en votât le rejet ? L'assentiment donné à ce mode par des peuples commerçants très éclairés, fait espérer que les oppositions en France n'ont été qu'irréfléchies et qu'elles cèderont à l'évidence de la vérité.

Les habitants des villes disent : Les barrières sont insupportables, nous n'en voulons pas.

Les habitants des campagnes répondent : Nous ne voulons pas d'impôts qui ne pèsent que sur nous, dont nous ne profitons pas. Nous demandons que les fonds des routes soient prélevés sur les budgets des villes, ou créés par des droits de passe. Pourquoi nous forcer de payer des ponts et des routes que nous ne verrons jamais? Pourquoi nous empêcher d'employer nos impôts à ouvrir les chemins qui nous manquent, et dont nous avons chaque jour plus besoin?

Le législateur pourrait-il balancer entre le caprice et la justice? voudrait-il conserver le système actuel qui donne des chemins de luxe aux uns, et refuse aux autres les communications les plus nécessaires?

La France resterait-elle en arrière des états voisins? L'Angleterre, les Pays-Bas, les États-Unis d'Amérique, la Bohème, la Saxe, la Bavière, la Prusse, le reste de l'Allemagne, tous les pays les mieux coupés de routes superbes ne les ont obtenues que par des droits de barrière. Partout, au contraire, où ce système n'est pas établi, où il ne saurait l'être, puisqu'il suppose des institutions, une administration provinciale, en Espagne, en Portugal, en Turquie, en Russie, les communications manquent, ou sont presque impraticables sept ou huit mois chaque année.

On assure que les routes de l'Amérique du Nord sont mal entretenues malgré les barrières; nous nous sommes assuré que celles qui sont mal réparées sont des routes de l'État; que les autres, à barrières, appartenant à des associations, sont toujours meilleures, et que lorsqu'un chemin à barrières n'est pas bien réparé, on enlève les barrières, et la perception des droits est suspendue jusqu'à ce que le chemin ait été complètement réparé.

Par cette mesure les plaintes fondées sont prévenues; on n'est point exposé à payer pour de mauvaises routes.

La France est aussi libre et aussi fortement organisée que ces divers États, et le système de barrières peut y être établi sans obstacles.

INFLUENCE
DE L'ÉTABLISSEMENT DES BARRIÈRES

SUR LA NAVIGATION.

———

Jusqu'ici nous n'avons considéré le système de barrières que relativement aux routes, nous devons l'envisager par rapport à la navigation.

Le gouvernement a entrepris l'exécution de plusieurs canaux sur les fonds prêtés par des compagnies, et a conservé à sa charge les augmentations de dépense, les pertes occasionées par les retards et le déficit dans les produits; il est résulté de ces contrats que l'État doit payer un supplément évalué de quarante à cinquante millions.

Lorsque les ouvrages commencés seront terminés, la France n'aura pas encore une bonne navigation intérieure. Les fleuves et les rivières qui font communiquer ces canaux restent dans l'état de nature, c'est-à-dire, sans digues, sans chemins de halage, sans barrages éclusés; la navigation cesse, et pendant les grandes eaux, et pendant les sécheresses.

Nulle amélioration n'est encore faite sur la Seine, sur la Marne, l'Yonne, l'Aube, la Loire, le Rhône, la Saône, la Moselle, la Meuse, etc., et il faut l'annoncer, nulle amélioration n'est possible, si le système de barrières n'est pas généralement adopté.

En effet, le gouvernement ne doit pas, ne peut plus fournir les fonds nécessaires à l'établissement d'une bonne navigation, dont la dépense première est évaluée à sept cents millions; car il faudrait augmenter la dette publique, déjà si élevée, ou les impôts, qu'on trouve excessifs; et on continuerait à porter, par privilége, par faveur, sur quelques points de la France, les travaux payés par la communauté. Toute distribution des travaux et des fonds faite par le gouvernement donnerait lieu à des préférences injustes. Les départements dont les députations sont nombreuses et influentes obtiendraient plus qu'ils ne paient.

Les améliorations qui restent à faire ne peuvent être entreprises que par des compagnies exécutantes à leurs frais et périls; déjà l'opinion publique et le ministère se sont prononcés en faveur de ce système. Mais des associations d'hommes éclairés, offrant des garanties, refuseront avec raison de souscrire de tels contrats dans l'état actuel des choses. Puisque le gouvernement paie sur les fonds publics les frais de réparation des routes, c'est-à-dire une grande partie des frais de transport par terre, il détourne des canaux le commerce pour l'attirer sur les routes; il diminue les revenus des canaux et les chances de bénéfice des compagnies de capitalistes qui les exécuteraient à leurs frais; dès lors on ne peut les supposer assez dépourvus d'expérience et de lumières pour entreprendre la plupart des travaux qui restent à faire.

Cependant le perfectionnement de la navigation est indispensable et urgent; car les impôts d'un milliard ne pourraient être long-temps payés, ou ne le seraient sans tarir les sources de richesses, si l'administration n'ordonnait pas, ou plutôt voulait empêcher plus long-temps l'exécution des grands travaux utiles, en continuant un système qui les rend impossibles.

Les impôts augmentant les prix des bestiaux, des céréales, des huiles, du chanvre et du lin, etc., les produits du sol et des fabriques sont plus chers en France que dans le reste du continent; il est dès lors impossible de les exporter; au contraire ceux de l'étranger pénètrent de toutes parts malgré les droits, nous enlèvent chaque année une partie de nos revenus. Les prix des marchandises fabriquées surtout se composant en grande partie de frais de transport, plus nos communications sont mauvaises, plus la valeur des objets fabriqués est élevée, et plus nous avons de désavantage dans les relations de commerce avec l'étranger, et moins nous exportons de marchandises; nul grand commerce n'est possible sans une bonne navigation.

En Angleterre, les chemins en fer, les rivières perfectionnés, les canaux, concédés à perpétuité à des compagnies, sont ouverts et constamment bien entretenus par elles; les transports par eau sont réguliers en toute saison, en toute direction, et deux fois plus rapides que nos transports accélérés sur les routes ; les manufacturiers favorisés par ces avantages, ayant à discrétion, à bas prix, les matières premières de toute nature, fabriquent à meilleur compte que nous, exportent à peu de frais, obtiennent le monopole du commerce du monde, étouffent par la concurrence les germes naissants de notre industrie, s'emparent même de nos branches de fabrication les plus anciennement établies.

Nous ne pouvons plus entrer en concurrence avec l'Angleterre, et conserver au dehors des relations de commerce, qu'en ouvrant dans les divers départements des communications navigables, faciles en toute saison.

Mais puisque ces entreprises ne peuvent être faites et entretenues que par des compagnies responsables, ainsi que l'expérience le montre, et puisque ces compagnies ne feront d'offres, pour la plupart des travaux de navigation, que lorsque le système de barrières sera adopté, c'est au gouvernement à juger si ce mode d'ouvrir et de réparer les routes n'est pas une condition forcée, une loi de nécessité.

Dans notre opinion si le droit de passe n'est pas adopté, les canaux et les routes ne seront pas restaurés ; notre commerce ne tardera pas à être ruiné. Bientôt l'Angleterre, les États-Unis d'Amérique, les Pays-Bas, et les autres pays où de bons moyens d'administration procurent une prospérité toujours plus rapide, fourniront en plus grande abondance et à plus bas prix les produits du sol et des manufactures, repousseront nos produits de tous les marchés éloignés, et inonderont de plus en plus nos départements de leurs marchandises, malgré les droits d'entrée et les efforts des douanes.

Nulle précaution ne saurait nous garantir de l'introduction par filtration des produits étrangers, quand la différence des prix est plus grande que les chances de contrebande. Lorsque, pour rassurer notre commerce, on a annoncé aux chambres que les primes d'entrée s'élevaient de 15 à 20 pour cent, on a par-là solennellement déclaré ce que l'expérience atteste, que toute marchandise qui supporte ces frais est introduite, et que nos ateliers qui fabriquent ces mêmes objets ne tarderont pas à être fermés ; ce que de nombreuses catastrophes viennent chaque jour confirmer.

Le seul moyen de prévenir ces pertes et ces malheurs c'est d'ouvrir les canaux et les routes qui manquent, de faciliter les transports, d'en réduire les dépenses, et de donner aux agriculteurs et aux manufacturiers la possibilité de vendre avec plus d'avantages, résultat qui paraît impossible si le gouvernement veut continuer à exécuter à ses frais les canaux et les routes.

Si on adopte le système de barrières pour ouvrir, améliorer et entretenir les routes, on trouvera des associations en assez grand nombre et assez puissantes pour achever dans le même délai les canaux entrepris et les améliorations des rivières également nécessaires.

Une même législation devrait comprendre les dispositions relatives au meilleur mode d'exécution et d'entretien des canaux et des routes ; elle donnerait la garantie aux adjudicataires des routes neuves à barrières, que les chaussées ne seraient plus détruites par des chargements excessifs, et aux concessionnaires des canaux, que les transports des marchandises sur les routes n'étant plus acquittés par l'État, mais par les voituriers qui les dégradent, se feraient en plus grande partie par eau. On réduirait sans doute les transports de marchandises sur les routes et les recettes des droits ; mais les routes, moins dégradées, coûteraient moins d'entretien, et la circulation des voyageurs augmenterait dans un plus grand rapport par la facilité, la rapidité et l'agrément des voyages, les routes étant meilleures et les voitures plus légères.

Plus nous avons fait de recherches, plus nous nous sommes convaincus que nous n'obtiendrons ni bonnes routes, ni bons canaux, ni prospérité en agriculture, en manufactures, sans admettre le système de barrière pour l'ouverture des chemins neufs, la construction des ponts et l'entretien des routes royales et départementales. Les 150 millions empruntés pour les canaux ne donneraient que de faibles revenus.

Il est nécessaire de combattre une grave erreur qui retarde les décisions à prendre et les améliorations à faire; on suppose et on répète sans cesse que la France est le pays le mieux coupé de routes. Cependant les tableaux des chemins bien entretenus dans les États voisins nous montrent qu'il y en existe deux fois plus, ou par habitant ou par lieue carrée.

Le développement de nos routes royales n'est que de 32 millions de mètres, c'est-à-dire d'un mètre par habitant, et en ajoutant les routes départementales et vicinales bien entretenues, il est de 64 millions; il n'y a donc encore par habitant que 2 mètres de chemin. Si dans une année les ingénieurs des ponts et chaussées dressaient les projets d'une nouvelle étendue semblable, en profitant de leur grande expérience, usant des ressources d'un art plus perfectionné pour diminuer les dépenses de luxe; la classe ouvrière, appelée tout entière à ces travaux, doublerait en quelques mois leur étendue et ce capital national. Ainsi les générations précédentes ne sont pas arrivées à créer, en ce genre, au-delà du travail de la population pendant quelques mois. Si on chargeait les ingénieurs des ponts et chaussées de tracer les routes neuves nécessaires, ils donneraient aux routes moins de largeur, aux chaussées moins d'épaisseur; ils éviteraient les coupures inutiles de montagnes, les rampes rapides, impraticables; ils tourneraient les côtes, obtiendraient avec moins de dépenses des routes meilleures, et parviendraient à dresser les projets et à faire exécuter en quel-

ques années 8,000 lieues de chemins neufs aussi
nécessaires que nos routes royales. Ces travaux,
qui paraissent immenses, seraient soumissionnés
et entrepris sur tous les points par des compagnies, à leurs frais et périls, si la loi adoptait la
législation des barrières.

Nous ajouterons en faveur de ce système une
observation qui les comprend toutes : ouvrir des
routes neuves par des droits de barrières est le seul
moyen possible et juste. Prenons pour exemple
un chef-lieu de canton n'ayant pas une seule
bonne communication, c'est le cas d'un très
grand nombre; supposons que la dépense de la
route la plus essentielle s'élève à 60,000 fr., somme
souvent plus élevée que le revenu total des habitants; la population ne saurait ni exécuter ces
ouvrages en peu de temps, ni les payer, car elle
serait écrasée par cette charge excessive; les ouvrages qu'elle ferait profiteraient de même aux
communes voisines et aux générations suivantes
qui ne seraient point appelées à contribuer.

Un tel pays est forcé, par notre législation actuelle, de rester dans un état de souffrance et de
renoncer à des sacrifices qui ruineraient plusieurs
habitants. En adoptant le système des barrières,
une association place ses capitaux en construction
de routes avec autant de sécurité qu'en acquisitions
de terrains; les travaux achevés, la commune ne
paie que l'intérêt des fonds et gagne chaque année
au-delà du revenu des barrières. Les ouvriers payés

sur les ateliers s'enrichissent par l'ouverture de la route, tandis que le travail entrepris ou par eux ou à leurs dépens, par corvées, les aurait épuisés sans leur laisser l'espoir de s'indemniser des sacrifices qu'ils auraient faits.

On peut entretenir des routes par des impôts ; mais il est indispensable de les ouvrir, de construire les ponts au moyen des avances des compagnies qui retirent des droits de passe un intérêt de fonds, et ne s'enrichissent que par les avantages procurés au pays.

Nous n'entrevoyons pas la possibilité de combattre un pareil mode d'exécution, nulle objection ne nous semble fondée. Au reste, par notre projet le rétablissement des barrières est facultatif, et n'est admis que sur la demande des principaux propriétaires des campagnes qui paient en grande partie les fonds consacrés aux routes et réclament en vain les communications les plus indispensables. Lorsqu'un canton ayant à sa charge l'entretien d'une route demandera des barrières pour subvenir aux dépenses, on ne pense pas qu'on puisse s'y opposer avec justice.

Chacun reconnaît la nécessité de donner à des compagnies la concession à perpétuité des chemins en fer, et de leur accorder non seulement des péages, mais le droit exclusif de transport sur ces routes ; la question des barrières est donc résolue, et on doit espérer bientôt une bonne navigation, par l'influence de leur établissement.

DES CORVÉES

ET DES PRESTATIONS EN NATURE.

La corvée, reste du régime féodal, suspendue en 1776 et abolie en 1786, imposait par an à chaque corvéable six journées d'hommes et de voitures employées à ouvrir ou réparer les routes. On évaluait à 30 millions le travail utile de la corvée, à une époque où les classes les plus riches en étaient affranchies, où la population était moins nombreuse et les prix de journées plus faibles. Le même impôt frappant également tous les contribuables produirait maintenant 60 millions, c'est-à-dire les ressources nécessaires pour achever et entretenir les routes commencées et pour en ouvrir de nouvelles.

A dater de la suppression de la corvée, on a cessé de continuer le grand ensemble des communications entreprises dans les diverses provinces, parceque le gouvernement a toujours réduit et inégalement réparti les fonds communs affectés aux routes. Maintenant les allocations ne s'élèvent pas au quart de la valeur du travail utile de la corvée.

On a essayé de remplacer la corvée par les prestations en nature pour la réparation des routes départementales et vicinales; mais l'exécution de la loi et des règlements, plutôt recommandée que prescrite, n'a donné de bons résultats que dans les départements où les premiers administrateurs, par un zèle très louable sans doute, n'ont pas craint d'outre-passer les bornes et les pouvoirs de la loi; ils ont obtenu par leur influence personnelle, par une volonté forte et rare, et par persuasion, un travail que dans beaucoup de cas les contribuables avaient droit de refuser. Partout ailleurs les chemins vicinaux ont été comme abandonnés.

Nous avions d'abord pensé qu'on pourrait tirer un grand parti des prestations en nature, en donnant aux administrateurs, par une nouvelle loi, les moyens d'en régler l'emploi et de prévenir les pertes de temps et les abus; mais l'expérience nous a convaincu que nos longues révolutions ont laissé dans chaque commune des germes de dissensions et des habitudes de résistance qui feraient échouer les meilleures mesures et le zèle des administrateurs.

Les conseils municipaux des communes ont essayé vainement, en vertu des règlements, d'élargir les chemins, d'abattre des haies, des murs de clôture; partout les propriétaires à déposséder, les habitants plus intéressés aux communications délaissées qu'aux chemins en réparation, se sont opposés avec ardeur et succès à toutes les améliorations. Les chemins vicinaux restent dans l'état primitif, et ne pourront être réparés par la loi actuelle.

Ainsi on peut ajouter aux plaintes nombreuses et graves qui s'élevèrent de toutes parts contre la corvée, les difficultés que cause l'impuissance de la loi ou de ses organes ; il en résulte que sous la législation actuelle, l'emploi de la prestation en nature peut être regardé, en général, comme impraticable pour les routes vicinales, et à plus forte raison pour les grandes routes. Le public repousse ce mode d'impôt par souvenir et par conviction ; et la loi, trop peu impérieuse, semble autoriser le refus et l'ajournement.

Les prestations en nature, comme les corvées, étant d'ailleurs un impôt par tête, frappent autant le plus malheureux habitant de la campagne que le plus riche. Il y a donc injustice par cette égalité même.

D'autres considérations doivent déterminer à y renoncer. Dans l'état avancé de la civilisation et de la science de l'ingénieur, la construction d'une chaussée exige de l'intelligence, de l'instruction et une longue pratique des méthodes adoptées. Ce travail confié aux corvéables demanderait plus de temps et de dépenses, et deviendrait ainsi plus onéreux aux contribuables.

Il en est des pavés, des chaussées en cailloutis, comme des divers travaux des artisans des villages et des villes ; les ouvriers de la campagne à la tâche demandent plus, gagnent moins et ne font que des ouvrages imparfaits. Il faut pour paver, pour casser les pierres, pour les placer, des hommes très exercés et employés toute l'année et à la tâche ; mais cette main-d'œuvre devant s'élever aux deux tiers des frais, il ne resterait à demander aux contribuables que les transports. De nouvelles difficultés s'élèvent et s'opposent à ce mode. Cet impôt, s'il est payé par collier, pèsera sur un voiturier sans propriété foncière plus que sur le riche contribuable n'ayant pas de chevaux. D'autres inégalités feraient de même repousser les prestations en nature.

Les routes faites ou réparées par corvée ou prestation de nature, avant ou depuis 1786, ont coûté deux ou trois fois plus au public qu'elles ne valent, et sont en général mal tracées.

On y remarque des contre-pentes multipliées, des pentes rapides, des tranchées profondes, des transports de terre à de grandes distances, inconvénients et dépenses qu'on pouvait éviter.

Les travaux par prestation en nature n'autorisent, d'après les lois actuelles, que des élargissements ; mais presque toujours il y a utilité et nécessité de changer les tracés, et facilité d'obtenir avec moins de dépenses des routes neuves meilleures.

Ces observations s'appliquent surtout aux pays de plaine, peuplés, commerçants et riches, où les routes très fatiguées doivent être pavées. Les pavés sont des travaux d'art qu'on ne peut confier qu'à des entrepreneurs exercés, et exécuter qu'à prix d'argent, et non par des prestations en nature.

Quelque mesure qu'on prenne, les corvées même bien réparties et dirigées ne sauraient produire la moitié des frais qu'elles coûteraient aux contribuables. On pense donc qu'il faut renoncer en général aux prestations en nature pour la restauration des chemins vicinaux, et surtout pour la réparation des grandes routes.

Nous croyons devoir également combattre le système adopté dans plusieurs départements, de n'exécuter que par parties, et en raison des ressources, les routes à ouvrir ou à terminer.

Une telle disposition, en apparence conseillée par un esprit d'ordre et d'économie pour éviter les avances, les emprunts et les intérêts des dettes, est contredite par les calculs. Si on met douze ans à terminer une route, elle ne procure pendant douze ans aucun avantage; le pays ne retire donc aucun intérêt des fonds avancés, et fait une perte presque égale au capital employé; tandis qu'en exigeant de l'adjudicataire de l'ouvrage, l'achèvement, en deux années, ce qui est toujours possible, on gagne dix années de jouissance, et beaucoup plus que les intérêts à payer, si la route est très utile.

Plus on approfondit ces questions, mieux on reconnaît qu'il faut ouvrir et entretenir les routes vicinales comme les grandes routes, par les mêmes moyens; qu'il faut renoncer aux corvées et aux prestations en nature; qu'il est préférable de confier les travaux à des associations chargées de faire les avances et de terminer les ouvrages dans un court délai; et que le remboursement en doit être fait par un prélèvement annuel sur les impôts, ou mieux encore par les produits des droits de passe.

On dira que l'Angleterre tire un grand parti des corvées; que ce moyen ajoutant aux produits des péages, donne la possibilité d'obtenir de belles routes. Mais l'exemple même de l'Angleterre a confirmé ce qui précède. On a reconnu à tel point l'inconvénient des prestations en nature, que la loi en autorise le rachat et l'encourage, et qu'il est rare qu'on ait recours aux prestations en nature onéreuses et odieuses au peuple et peu profitables au public. Toutes les routes neuves d'Angleterre ont été faites et sont entreprises par des associations, ou par des *trusts*, et payées par les droits de barrière.

On demande aux ingénieurs de France des routes aussi belles que celles de l'Angleterre, et on refuse les sommes accordées, le mode d'exécution et tous les moyens dont disposent les ingénieurs anglais.

DE L'ADMINISTRATION DES ROUTES

A TERMINER ET A ENTRETENIR, D'APRÈS LE NOUVEAU SYSTÈME DES BARRIÈRES.

La France possède plus d'ingénieurs habiles et exercés que le reste de l'Europe, plus de capitaux libres que le montant des travaux utiles à faire, plus de propriétaires zélés et capables que ne sauraient en employer les administrations cantonales que nous proposons.

Nos institutions offrent des garanties à tous les intérêts et des encouragements à tous les talents; en assurant le présent, elles promettent les améliorations nécessaires à nos prospérités et le meilleur avenir. Mais il nous manque une législation complète sur les travaux publics, imprimant à la société un mouvement salutaire, liant en association puissante des propriétaires, des capitalistes, des hommes spéciaux instruits, maintenant sans influence dans leur isolement. Ces compagnies organisées pour l'exécution d'ouvrages utiles, appelleraient au travail des milliers d'ouvriers qui en demandent; elles porteraient des consolations, l'aisance et la vie dans les campagnes jusqu'ici délaissées ou plutôt écrasées par des charges, en apparence égales pour tous, mais en réalité plus lourdes pour les agriculteurs.

Cette législation existe ailleurs; mise en pratique

depuis plus d'un siècle et dans divers États, ses avantages sont incontestables. C'est à cette institution que le pays le plus florissant doit son activité, son commerce, sa grandeur. L'Angleterre, par les recherches et les méditations de ses hommes d'État, par des enquêtes publiques plusieurs années renouvelées, est arrivée à porter au plus haut degré de perfectionnement et de simplicité la législation des travaux. Elle a su puiser dans les édits de nos plus grands rois les bases de son système. Les concessions sont données à perpétuité à des compagnies exécutantes ; des commissaires désignés parmi les hommes les plus honorables de la province deviennent arbitres des différends entre la compagnie et les propriétaires de terrains. Les procès sont immédiatement jugés ou prévenus par l'intervention de ce jury qui facilite l'amélioration en levant toutes les difficultés locales.

La législation de l'Angleterre ainsi perfectionnée ou copiée de nos meilleurs codes, est, pour ainsi dire, le résumé des lois des peuples les plus avancés ; il serait bien plus insensé de ne pas admettre en France le nouveau code sur les routes parcequ'il est établi en Angleterre, qu'il l'eût été à l'Angleterre de repousser l'emploi du gaz, la décomposition de l'eau et d'autres découvertes, parcequ'elles sont dues à des Français.

Nous proposons pour les grandes routes le code maintenant suivi en Angleterre, en Belgique, en Amérique, en Allemagne, parceque les principes en sont tirés de nos édits, parceque les succès obtenus répondent à toutes les objections et préviennent les obstacles. C'est à cette législation que l'Angleterre doit la multitude et la beauté de ses routes, le nombre de ses canaux et les avantages incalculables que le pays en retire. Tout autre mode d'exécution des chemins et de leur entretien ne conduirait jamais au même résultat.

Ces vérités paraissant bien établies et généralement adoptées par les hommes d'État et les administrateurs, et les négociants les plus éclairés, il reste à examiner comment on peut passer sans secousse et sans inconvénient du système actuel à la législation des barrières pour les routes.

Pour mettre immédiatement à exécution le code que nous proposons, on doit satisfaire à cinq conditions; il faut que le pays ait à sa disposition : 1° les capitaux nécessaires aux travaux; 2° les hommes de l'art chargés de dresser les projets et d'en diriger l'exécution; 3° des commissaires éclairés, zélés; les uns comptables, les autres surveillants et arbitres pendant et après l'exécution; 4° des juges sur les lieux, décidant sans retard et sans frais toutes les contestations; 5° enfin une autorité supérieure représentant le gouvernement et veillant à l'exécution de la loi.

La France possède dans chaque département et dans chaque arrondissement, et peut réunir dans chaque canton ces ressources et cette puissance d'action.

1° Nous proposons d'allouer 20 centimes sur les contributions directes, ou quarante millions par année pour le service des travaux de routes. Cette somme est, chaque année, perçue et employée à ces dépenses; on n'établira donc pas d'impôt nouveau. A ces produits, on ajoutera dans les localités qui en feront la demande, des droits de barrière qui s'élèveraient ensemble à 20 millions (1). Ces 60 millions par an et les capitaux consacrés par des associations aux chemins neufs concédés, suffiraient en cinq ans pour remettre en parfait état les routes établies, terminer les routes commencées, et exécuter toutes celles qui, en très grand nombre, sont jugées nécessaires.

2° Cinq cents ingénieurs des ponts et chaussées, ayant sous leurs ordres un nombre proportionné de conducteurs, piqueurs, peuvent, dans un délai de cinq ans, donner les devis et détails des routes à réparer, les plans, nivellements et projets des travaux à entreprendre, et en diriger l'exécution; leur zèle et leurs talents donnent l'assurance du succès.

La France est plus riche en hommes spéciaux que le reste de l'Europe; la législation actuelle est le

____

(1) La perception des droits de barrière a donné 16 millions en 1800, dans ce temps où, sous une administration à peine réorganisée, le commerce n'avait pas moitié de l'activité actuelle; il est probable que la recette s'élèverait maintenant à 30 millions.

seul obstacle au développement de la plus puissante cause de prospérité.

3° Dans chaque canton on peut réunir des commissaires éclairés en assez grand nombre pour remplir la tâche que le projet de loi leur confère. Le devoir rendra leur zèle nécessaire, et forcera chacun d'acquérir les connaissances indispensables à ses fonctions. L'expérience ne s'acquiert que par l'exercice, et l'exercice ne viendra que de la loi. Il faut donc que la loi impose l'obligation d'agir et d'intervenir; peu de temps après, la France aura dans chaque canton des commissaires habiles et instruits. C'est dans les campagnes surtout, où les routes sont impraticables, qu'on en sent mieux l'utilité, et que l'on trouvera plus de zèle et de capacité, les agriculteurs se distinguant partout par une raison éclairée, des connaissances positives et une grande persévérance.

4° Chaque canton a son juge de paix qui remplira les attributions que la loi ancienne lui avait conférées, et que la loi nouvelle étend dans l'intérêt de tous; cette justice locale, rapide, est instituée et comme organisée pour l'exécution du nouveau code, concurremment avec les commissaires.

5° Dans chaque département, les préfets remplaceront le gouvernement, veilleront aux intérêts publics, décideront les difficultés de détail, et avec les conseils généraux renverront au directeur général ou au ministère les questions plus graves.

Mais ce n'est point un simple appel qu'on propose de faire à la bonne volonté des commissaires; une invitation facultative ne produirait ni action, ni chance de succès. Les habitants influents d'une commune aiment souvent à contredire l'autorité, et mettent à honneur de lutter contre elle; le plus grand nombre se complaît dans des habitudes de repos. La loi doit combattre cette double tendance également funeste, et prescrire à tous l'obligation d'un devoir, en imposant des amendes à l'indifférence et à la mauvaise volonté.

Quelques personnes modestes et les plus capables se croiront d'abord hors d'état de remplir la tâche de commissaire, d'ordonner et de surveiller des travaux nouveaux; mais il suffira de quelques mois de fonctions pour en acquérir l'instruction, et, plus tard, le goût et la passion de ce service, par la conviction de son utilité et de son influence sur la prospérité générale.

Des économistes voulant rompre tous les liens qui existent entre l'administration générale et celle des provinces, demandent qu'on laisse entièrement aux départements le soin et les charges des travaux à faire et à entretenir, et le droit de les ordonner sans aucune intervention du gouvernement.

L'expérience nous avertit des dangers d'un tel essai, souvent renouvelé et toujours malheureux; la tendance au pouvoir est innée dans chaque homme, et la passion de la domination n'est pas toujours la garantie des lumières et de la raison.

En abandonnant, sans intervention du gouvernement, sans direction, l'administration des travaux au pays, la perturbation serait jetée dans chaque arrondissement, dans les communes, et nul résultat ne serait obtenu. Il y aurait autant de systèmes que de départements, autant de propositions que d'hommes puissants, et, en dernier résultat, inaction et anarchie.

Chaque grand propriétaire voudrait d'abord, ou exclusivement, la route qui conduit à sa terre; les personnes les plus désintéressées seraient soupçonnées, accusées de diriger les travaux par affection ou par haine; de là, divisions et querelles interminables.

Le passé montre qu'il faut des hommes étrangers aux localités pour trancher avec impartialité entre mille intérêts divers. Un ingénieur et ses employés donnent les projets des routes, après s'être concertés avec les commissaires et avoir écouté les opinions et les intérêts opposés. En cas de contestation, d'autres arbitres supérieurs balancent les réclamations, pèsent les oppositions, et décident entre les propositions contraires.

Le pays est entendu, consulté, et nulle route n'est ouverte que lorsqu'elle est sollicitée par les habitants, que lorsque les projets soumis à des enquêtes sont approuvés du gouvernement par une ordonnance royale, ou par une loi.

Il est juste de laisser au pays, aux commissaires, la faculté de désigner des candidats pour les places de conducteurs des routes cantonales. Ces

f.

agents, en relation avec tous les propriétaires, rendent de grands services.

L'intervention des ingénieurs est nécessaire, même pour les chemins vicinaux; une longue expérience nous en a souvent convaincu. Appelé à tracer des routes demandées avec instance par des communes, nous avons vu chacune d'elles, chaque habitant, solliciter une direction différente, particulière. Les uns demandaient un tracé favorable à leurs intérêts; les autres souhaitaient qu'il fût nuisible à des rivaux. C'est en ne consultant que les instruments et le terrain, c'est en ne tenant aucun compte des passions soulevées, qu'il est possible d'arriver à une solution indépendante de toute influence. Nul homme du pays ne serait parvenu à faire adopter une des mille directions proposées, toutes combattues, et dont chacune aurait soulevé des animosités, des querelles. Des administrateurs du lieu, sans autorité, sans le secours d'une législation forte, sans obligation de décider, discutent, disputent, et n'agissent jamais.

En Angleterre chaque route, chaque portion de route, chaque bail de barrière, est soumis à l'intervention, à l'investigation, à la sanction du parlement et de la loi. Cette précaution est indispensable, mais il faudrait en France éviter les frais excessifs de ces formalités. Chaque acte du parlement coûte aux particuliers ou aux communes, au moins 12,500 fr., et quelquefois deux fois plus, et à chaque session on en présente plusieurs centaines.

Nous avons la conviction qu'il est nécessaire de décider qu'aucun projet de route cantonale ne doit être proposé et tracé que par un ingénieur des ponts et chaussées, avec l'intervention des cmomissaires, et mis à exécution qu'en vertu d'une ordonnance ou d'une loi.

Sur notre sol encore brûlant de nos longues commotions, toute entreprise de routes neuves qui n'aura pas la sanction du gouvernement soulèvera les passions, ruinera les capitalistes, et restera imparfaite. Mais les travaux achevés, le pays doit intervenir, et les commissaires du lieu sauront admirablement bien conserver les chemins, les réparer, et les administrer dans les limites posées par une loi prévoyante et complète.

Les conducteurs choisis dans le pays étant dirigés par les ingénieurs, parviendront à réunir les partis, par l'influence que leur donneront l'instruction et le zèle.

Les préfets, les conseils-généraux, les ingénieurs en chef des départements, contribueront aussi à lever les obstacles de localités, en faisant dominer la raison sur des rivalités passionnées, et sacrifier des prétentions injustes à l'intérêt général.

Quelques personnes pourront prétendre qu'en conservant aux ingénieurs des ponts et chaussées la mission exclusive de dresser des projets de route, on maintient un privilége, on perpétue une faveur. Mais dans un État civilisé, chaque loi organique est aussi un privilége. Un homme de lettres peut réunir le talent de la parole, la connaissance des lois et le zèle d'un avocat pour la défense des accusés; cependant la loi qui fixe les conditions de réception et admet chacun aux cours, exclut sans injustice l'entrée du barreau à tous ceux qui n'ont pas satisfait aux exigences. Intervertir cet ordre établi, ce serait violer la loi et lui ôter tout caractère de fixité. L'état actuel est le meilleur, seulement parcequ'il existe.

Il en est ainsi de la médecine : un homme versé dans les diverses branches de cet art ne pourrait exercer cette profession, quels que fussent sa sagacité, ses talents, son génie même, s'il n'avait pas rempli dans le temps les conditions prescrites par les règlements.

Dans l'un et l'autre cas, personne ne croit juste de réclamer contre ces dispositions.

Les ingénieurs des ponts et chaussées ont subi les épreuves voulues, ont renoncé aux chances qu'offraient les autres carrières en adoptant celle de leur goût, de leur choix; ils offrent une réunion d'hommes instruits, éclairés, capables de diriger avec habileté tous les travaux qui nous manquent. Si l'on accordait à d'autres personnes le droit d'exercer des fonctions que la loi réserve aux ingénieurs des ponts et chaussées, il faudrait aussi permettre à ces ingénieurs de devenir officiers supérieurs du génie, de l'artillerie, inspecteurs des mines. Un tel changement, pour être équitable, ne devrait être admis que généralement. Toute exception partielle serait une injustice et surtout une faute; car il serait difficile de suppléer au service de cinq cents ingénieurs dans la force de l'âge et du talent, qui ont obtenu les premières couronnes dans les concours ouverts à tous, qui ne doivent leurs places qu'à leurs talents et à leurs travaux.

Chaque association de capitalistes ayant le droit de choisir dans cinq cents ingénieurs celui qui inspirera le plus de confiance, parviendra par son intervention dans le tracé d'une route, à lever des obstacles présque insurmontables, à prévenir les discussions interminables avec les propriétaires de terres et avec les communes.

Pour les routes payées par le canton les commissaires apportent une intervention efficace; connaissant les lieux, les hommes, par une longue résidence dans le pays traversé par la ligne des projets, ils peuvent en surveiller avec utilité l'exécution, et faire triompher la loi sur la mauvaise volonté de plusieurs. L'action est donnée par la loi, les commissaires la régularisent et la rendent possible et facile.

La route achevée est confiée, d'après le projet, aux autorités locales qui seront chargées de l'entretenir avec économie, de la conserver avec vigilance, et de la maintenir en tous temps dans le meilleur état. Les frais de réparation retombant en très grande partie à la charge des commissaires, tous principaux propriétaires du canton, ils auront intérêt et désir de s'aider de tous leurs efforts à faire le meilleur emploi de leurs propres fonds. Ainsi, toutes les capacités, les volontés, les intérêts, concourront à parvenir aux meilleurs moyens de réparer et d'entretenir les chemins.

La législation des routes en Angleterre ne fait point mention des ingénieurs ou inspecteurs de la partie d'art, du tracé des routes, de l'emploi des matériaux. Cependant les douze cent vingt-sept *trusts* ou d'administrations paroissiales de l'Angleterre et de l'Écosse, sans l'Irlande, ont chacun un ingénieur ou inspecteur chargé de dresser les projets, les devis, et de surveiller l'exécution des travaux d'art. Les plus célèbres ingénieurs d'Angleterre ont de semblables commissions et réunissent chacun plusieurs inspections; leur service est facile et n'exige des plus exercés que quelques jours par an pour chaque *trust*.

Les sommes allouées en Angleterre pour les inspecteurs ou surveillants des douze cent vingt-sept *trusts* sont plus que doubles de tous les appointements des ingénieurs des ponts et chaussées, et ne demandent pas à chacun le quart du travail d'un ingénieur français. Cependant il a été reconnu, par les enquêtes sur les routes d'Angleterre, que les inspecteurs des *trusts*, la plupart peu instruits, ne rendent pas les mêmes services que les ingénieurs de France. Les routes de la Grande-Bretagne ne sont meilleures que par l'influence du système

de barrières sur la navigation , et d'une bonne navigation sur l'état des routes ; c'est donc à sa législation , à ses institutions que l'Angleterre doit cette
puissante cause de prospérité. En quelques années
nous pourrions obtenir les mêmes résultats : il suffit
de le vouloir.

Un directeur-général et un conseil des ponts et
chaussées sont également nécessaires pour juger
les contestations sur les projets de routes, décider
entre les tracés différents , et surtout pour préparer
ou contrôler les projets de loi de concessions de travaux publics à donner aux compagnies exécutantes.

Cette vérification est de même faite en Angleterre par des comités ou commissions du parlement , où sont appelés les ingénieurs auteurs du
projet.

Les commissions publient les opinions diverses,
et ne présentent un projet de résolution au parlement qu'après s'être concertées avec les ingénieurs
les plus célèbres et les plus expérimentés.

L'exemple même de l'Angleterre doit nous déterminer à conserver avec soin des ingénieurs
versés dans les diverses branches des sciences, qui
connaissent la France, et joignent une longue expérience à l'aptitude au travail, et à une instruction profonde dans les diverses branches de leur
art.

L'Angleterre, il est vrai, n'a pas de conseil-gé-
néral des ponts et chaussées, et de contrôles réguliers des grands projets d'entreprises publiques. Il

en résulte sans doute que le génie, sans entrave, conçoit et exécute plus rapidement, et arrive souvent à d'heureux et grands résultats; mais de même il peut se jeter avec la même facilité et fréquemment dans des écarts funestes. Les plus célèbres ingénieurs d'Angleterre, par exemple, ont conçu et suivi des systèmes particuliers et différents de navigation; chacun d'eux voulait que le sien fût exclusif, dominant, et n'est parvenu souvent qu'à le rendre isolé et mauvais.

Les uns ont prétendu que la navigation par les canaux était seule bonne; que les rivières n'étaient faites que pour alimenter les canaux; qu'on devait négliger les rivières. D'autres n'ont établi des canaux qu'en petite section; d'autres en sections plus ou moins grandes, et la plupart très différentes.

Ces conceptions isolées, opposées, ont empêché un système d'ensemble et le rendent maintenant impossible. Comme il n'existe pas en Angleterre deux canaux de même dimension, les transports se font par bateaux qui ne conviennent exactement à aucune écluse, à aucun canal, et coûtent souvent deux fois plus que si des règles générales eussent été adoptées et prescrites par un conseil supérieur.

Le mieux est un juste milieu entre une organisation qui tend à maintenir sans altération les habitudes et les méthodes anciennes, et un système d'entière liberté qui conduit également aux améliorations, aux découvertes et aux plus grands écarts.

Nous avons les éléments pour éviter ces deux écueils, pour établir et mettre immédiatement à exécution le meilleur système de législation. On peut concilier la prudence avec la liberté nécessaire au génie, et donner des garanties à tous les intérêts.

Le gouvernement, en abandonnant tout pouvoir à l'administration locale, tomberait dans un inconvénient plus grave que ceux dont on se plaint: si la centralisation est funeste, l'anarchie est mortelle; elle naîtrait de l'abandon du tracé des ouvrages aux administrations locales.

En législation, comme dans la nature, le passage rapide entre deux états opposés est une révolution; par un changement brusque on replongerait le pays dans les querelles de parti. Plus la France a été agitée et divisée, plus elle est impatiente de liberté, plus la loi doit être forte et maintenir l'action du gouvernement. Céder l'autorité sans réserve au premier occupant, au plus ardent, c'est la détruire, c'est la remplacer par la violence, la perturbation; quand le pouvoir est abandonné à tous, il n'est d'abord à personne, et il finit par appartenir au moins digne. Il n'est personne qui ne se croie très habile et capable de conduire sa ville, son département. Laisser à la pétulance, à l'ambition locale la facilité de dominer, c'est anéantir l'administration, le gouvernement, et ôter aux hommes les plus honorables toute sécurité. Il faut à tout prix créer d'abord une légis-

lation juste, mais inflexible; donner et conserver
l'action à la loi; imposer à chacun le devoir de se
rendre utile avec l'obligation de ne point franchir
des limites invariablement tracées.

Dans le projet de code des routes, les commissaires auront le pouvoir de contrôler, d'aider, et
nulle possibilité d'entraver, d'empiéter; les juges
de paix régleront les contestations et les prévien-
dront; les agents du gouvernement représenteront
la loi, la feront exécuter.

Les ingénieurs traceront les routes sans acception de rivalités, et rédigeront des projets qui seront examinés, discutés et approuvés par des ordonnances ou par des lois; ils rendront compte des
retards dans l'exécution et les réparations; ils proposeront de suspendre les barrières lorsqu'ils auront trouvé des routes en mauvais état.

Les préfets ayant sous les yeux les rapports des
ingénieurs, des commissaires dans chaque canton, décideront, termineront immédiatement, avec
le concours des conseils généraux, les discussions
et les difficultés de détails, et ne renverront à l'administration générale que les affaires importantes;
tous les intérêts seront garantis sans tomber dans
les inconvénients des retards.

DES GRANDES ROUTES NEUVES

A OUVRIR.

Les observations précédentes s'appliquent particulièrement aux constructions des routes cantonales, à l'achèvement et aux réparations des routes royales et départementales; mais il est nécessaire d'établir une législation plus large et particulière pour l'ouverture des grandes routes qui intéressent plusieurs départements et la France. Les fonds accordés, les moyens proposés ne suffiraient ni à la conception, ni à l'exécution des projets d'une grande étendue. Il faut créer des associations nombreuses, puissantes, pour arriver à ces résultats.

Dans l'état actuel de notre législation, une communication traversant plusieurs départements ou plusieurs arrondissements où dominent des vues et des intérêts différents, souvent opposés, ne saurait s'entreprendre et s'exécuter qu'aux frais de l'État, et encore on éprouverait de graves difficultés, des oppositions sans nombre sur le tracé. Les principales villes veulent une direction favorable à leurs intérêts, exclusivement à ceux des autres. Toutes ces difficultés ne sont aplanies que lorsque des capitalistes se chargent à leurs frais et périls de la dépense des ouvrages.

Nous avons donné pour ce cas le projet de loi de concession d'un canal neuf; les mêmes formalités seraient observées, la même législation serait adoptée pour les routes neuves comme pour un canal à ouvrir.

Les propriétaires et capitalistes qui demanderaient de créer à leurs frais une nouvelle route, annonceraient leurs intentions par les journaux, s'inscriraient chez un notaire pour un intérêt à leur choix, nommeraient des commissaires, un ingénieur, et feraient dresser les projets. L'entreprise, soumise à une enquête, approuvée par le gouvernement, serait exécutée à l'aide de commissaires de canton pour le jugement du contentieux et le règlement des indemnités.

Puisqu'une route n'est utile qu'à une portion de la France, le public ne doit pas en payer la totalité; autrement l'administration aurait la faculté arbitraire d'enrichir tel ou tel département, tel ou tel arrondissement au détriment de tous les autres.

Ni la contrée, ni les localités intéressées ne pourraient acquitter en peu d'années les frais, car nous avons fait remarquer qu'on accablerait la génération actuelle de quelques cantons pour des avantages partagés par des cantons éloignés et par les générations suivantes qui n'interviendraient pas dans le partage des sacrifices.

Les dépenses d'une route neuve étant toutes acquittées par une association de capitalistes, ces propriétaires de la route n'ont à attendre et né demandent que des revenus suffisants pour rembourser chaque année les frais d'entretien, l'intérêt du capital, et un amortissement proportionnel à la durée.

Les droits ne sont imposés qu'à ceux qui profitent volontairement de la voie nouvelle, et qui reconnaissent qu'en y passant; ils ne remboursent qu'une partie des avantages qu'ils en retirent. Il s'établit ainsi une communauté d'intérêts entre le public et la compagnie. Si la route n'est pas très utile, elle ne rend pas l'intérêt des avances; la compagnie est seule responsable de ses erreurs de calcul. Dans le cas contraire, la compagnie obtient plus de bénéfices que les intérêts; mais c'est en raison des avantages qu'elle procure à la population.

Cette législation simple s'applique aux chemins en fer de toute dénomination, aux routes pavées et en cailloutis, comme aux canaux; mais elle servira surtout à l'ouverture des routes neuves en cailloutis indispensables à tous les arrondissements, et qu'on entreprendrait si les dispositions législatives consacraient les principes, la marche à suivre, et donnaient toute garantie aux associations.

Une route en fer coûtant six et douze fois plus qu'une route en cailloutis, il faut aussi six et douze fois plus de transport pour payer les intérêts; de là résulte que, pour une route en fer réellement utile, on peut entreprendre avec plus de chances de bénéfices et de succès cent routes en cailloutis qu'une seule route en fer.

L'inspection de la carte de France où sont tracées les surfaces sans routes royales, convaincra de la nécessité d'en augmenter le nombre et de faire intervenir des compagnies pour obtenir les capitaux nécessaires à leur exécution.

Moins le pays sera peuplé et plus il sera pauvre, et plus on mettra d'économie dans le tracé et l'exécution. Toujours le revenu présumé devra être égal au montant des frais de réparation et de l'intérêt des fonds. Sur plusieurs points on se bornera à ouvrir des routes en chemin naturel, en suivant avec art le terrain et ses développements, et diminuant les pentes. Plus tard la population et l'aisance augmentant, on établira des chaussées en cailloutis ; et chaque année, les revenus excédant les charges, seront destinés au perfectionnement de la route.

La France, en fondant une administration et un jury de canton, en appelant le concours des compagnies exécutantes, marcherait rapidement à une haute prospérité. Mais les projets de route et de toute amélioration qui seraient d'une exécution prompte par une bonne loi, doivent être ajournés jusqu'au moment où cette législation serait établie : car maintenant la plupart des compagnies se ruineraient par l'influence des oppositions et des obstacles.

DE L'ANCIENNE LÉGISLATION
DES BARRIÈRES

EN FRANCE.

Les principes des lois sur les barrières adoptés à la fin du dernier siècle sont justes et furent posés par des hommes d'état; mais les développements, les détails confirment l'inexpérience et l'ignorance des administrateurs du temps et de leurs agens. Les dispositions prises ont rendu le système de barrière injuste ou impraticable.

Les passages des lois que nous allons citer donnent lieu à ces remarques.

Loi du 24 fructidor an 5. *Il sera perçu sur toutes les grandes routes une taxe d'entretien, dont le produit sera spécialement et uniquement affecté aux dépenses de leur entretien, réparation et confection, ainsi qu'à celles de leur administration.*

Loi du 9 vendémiaire an 6. *La taxe d'entretien des routes sera perçue au moyen de barrières et de bureaux placés sur les grandes routes: elle sera due à raison des distances parcourues ou à parcourir: les distances sont réduites en myriamètres.*

Il sera par suite pourvu à l'établissement d'un petit nombre de ponts à bascule destinés à vérifier le poids des voitures.

L'ouverture et le perfectionnement des chemins

de communication autres que les grandes routes, pourront être entrepris par des citoyens, suivant les règles qui seront décidées par la suite, et au moyen de la concession du droit de percevoir, pendant un temps, une taxe aux barrières particulières qui seront établies par eux.

Loi du 1er thermidor an 6. *Le directoire exécutif est autorisé à établir des barrières, et à faire tous les règlements jugés nécessaires pour la perception du droit d'entretien des routes, en constater les produits et en contrôler la perception.*

Il est chargé de faire affermer les barrières par les administrations centrales, aussitôt que leur produit sera connu.

Loi du 14 brumaire an 7. *Le produit de la taxe d'entretien, exclusivement et limitativement affecté à l'entretien, aux réparations, confections, et à l'administration des grandes routes, est en outre destiné à acquitter les dépenses de constructions et réparations des ponts et autres ouvrages d'art dépendant des grandes routes.*

Ces dispositions sont conformes aux anciens édits de France sur les travaux de navigation et de dessèchement, et aux lois sur les routes d'Écosse et d'Angleterre; à l'esprit de cette législation qui a donné à ces contrées les plus belles routes, les meilleurs canaux, beaucoup de manufactures et le plus grand commerce.

Le code que nous proposons d'après les mêmes principes doit être considéré comme français, puisque les édits de nos rois qui les établissent sont antérieurs aux lois anglaises et ont servi de modèle à nos voisins.

Nous n'avons importé, emprunté que l'expérience qu'on ne saurait inventer, et l'exemple des applications de détails.

L'Angleterre n'est plus avancée que par une grande persévérance et par l'avantage d'avoir été à l'abri et des guerres suscitées contre la France par la jalousie, et par le despotisme militaire qui détruisit toutes nos libertés.

D'après les dernières lois françaises citées plus haut, les routes devaient être réparées aux frais de ceux qui les dégradent et en profitent; on autorisait des associations à ouvrir des routes neuves, et à percevoir à leur profit la taxe des barrières données en concession.

Ces principes d'économie sont admis; mais chacun recule contre la difficulté de les mettre en pratique. On suppose au public de la répugnance, une opposition invincible contre les barrières; on croit impossible d'éclairer l'opinion et de rendre populaire ce système pour réparer les routes existantes et les entretenir par les produits des droits.

Si on mettait en délibération dans une assemblée française, non préparée par des enquêtes, la proposition du rétablissement des barrières, il est probable qu'on prononcerait des discours éloquents, véhéments, sur les abus de cette ancienne législation, sur les gênes éprouvées sans sortir de l'enceinte

g.

des villes, sur les amendes encourues sans délit, sur l'état de dégradation des routes malgré les taxes ; on serait entraîné à repousser par acclamation et à l'unanimité le système des barrières.

Mais en conférant avec les hommes les plus éclairés, en consultant, dans les arrondissements sans routes, les grands propriétaires, les manufacturiers, les commerçants les plus intéressés au bon État des chemins ; en visitant les principaux États de l'Europe qui n'ont de communications qu'au moyen des péages, et de prospérité que par la facilité des transports ; en calculant les pertes causées en France par les frais de roulage ; il n'est personne qui ne fût convaincu que le système des barrières, mieux connu, mieux combiné, ne triomphât des oppositions, et ne fût même recommandé comme une nécessité.

Certain de ce résultat par l'influence de la vérité sous un gouvernement constitutionnel, nous avons réuni les principales dispositions de la législation sur l'entretien des routes en Écosse, en Angleterre, en Belgique, et surtout en France, dans les années qui ont précédé et suivi la fin du dernier siècle.

En comparant ces documents, on reconnaît que les principes sont identiques, que la raison des peuples est la même en tout temps, et qu'on peut admettre les principales dispositions des lois des 24 fructidor an 5, 9 vendémiaire et 1er thermidor an 6, et 14 brumaire an 7.

On découvre facilement dans les applications les causes du mécontentement général et très fondé qui s'est manifesté alors contre les barrières.

La loi du 14 brumaire an 7 portait, art. 15 :

« Le tarif de la taxe doit être réglé ainsi : Pour » une distance, entre deux barrières, de 2,500 mè- » tres à 7,500, la taxe sera perçue sur le pied de » 5,000 mètres ; de 7,500 à 12,500 mètres, sur le » pied de 10,000 mètres, et ainsi de suite. »

Il résultait de ces dispositions erronées que le voiturier payait quelquefois la même somme après avoir parcouru 2,501 mètres ou 7,459 mètres, ou une somme double après un trajet de 7 501 mè- tres. Ainsi la taxe était tantôt la même pour une distance triple, et tantôt double pour deux dis- tances presque identiques. Cette inégalité ou cette injustice qui rappelle de semblables erreurs dans les lois de finances (1) de ces temps de pertur- bation, aurait suffi pour rendre intolérable le système de barrières.

Par d'autres dispositions aussi funestes dans les applications, les décrets conféraient à l'administra- tion supérieure le droit de nommer à tous les em- plois. On laissait aux bureaux de la capitale le

______

(1) Dans les mêmes temps la loi qui établissait une contribu- tion sur les croisées avait réglé l'impôt d'après le nombre, et dans une progression tellement rapide que la taxe annuelle d'un château ou d'une fabrique s'élevait bien au-delà de la va- leur de la propriété totale. L'erreur ne fut aperçue et rectifiée qu'assez long-temps après.

pouvoir de désigner les inspecteurs des barrières, tous étrangers aux localités, qui portèrent le trouble dans ce service important. Les autorités locales, les contribuables ne furent appelés à aucune intervention.

Dans les premiers temps, les percepteurs des barrières, chargés par clauses du bail de réparer les routes, manquaient d'expérience, de ressources, souvent même de volonté; les travaux se faisaient mal. Enfin le gouvernement viola les lois en employant à d'autres destinations les produits des barrières, et en ajournant plusieurs années les ouvrages de restauration et d'entretien les plus nécessaires.

On cherche en vain dans les nombreuses instructions ministérielles sur le service des barrières, des dispositions capables d'assurer le succès de cette perception; on ne trouve que des circulaires vagues, nombreuses, étendues, rédigées par des hommes étrangers à l'art et à toute bonne administration.

Le choix de l'emplacement des barrières à la sortie des villes, entre les cités et les faubourgs, donna lieu aux plaintes les mieux fondées. Nul habitant ne pouvait circuler dans le voisinage de sa maison, aller à la campagne la plus près, sans être arrêté, tracassé et forcé d'expliquer le lieu et le but de sa promenade.

Les discussions entre les percepteurs et les habitants n'étant pas soumises à une autorité locale, les passants se trouvaient à la discrétion du fermier et préféraient souvent payer une taxe injuste, pour s'épargner le temps et l'ennui d'un procès toujours pénible malgré l'évidence des droits.

Les fermiers voisins des villes, qui n'empruntaient la route que sur quelques kilomètres et avec des voitures légères, étaient aussi chèrement taxés que les rouliers parcourant les chemins dans toute leur étendue et avec des voitures pesamment chargées.

On préviendrait ces abus en portant les barrières à une lieue des villes, en ne demandant la taxe qu'aux voituriers qui font un long trajet et dégradent les chaussées. Cette disposition doit répondre aux objections les plus fortes contre le rétablissement des barrières.

Lorsqu'on médite sur les vexations inouïes qu'éprouvaient les habitants au passage des barrières, sur l'explosion du mécontentement général dans les derniers temps de cette perception, on se demande si, dans ses combinaisons ambitieuses et profondes, le chef de l'armée qui convoitait et exerçait même le pouvoir souverain, n'était pas porté à exciter les abus et à multiplier les plaintes pour faire désirer et demander un changement qui lui offrît quarante millions de plus par an, et de grands moyens de popularité et de domination. Ne voulut-il pas, en affranchissant les routes, ouvrir par de plus grands impôts moins visibles, une voie plus facile à la servitude?

L'établissement des barrières n'est admissible qu'en donnant aux administrations locales une action, une indépendance incompatible avec le pouvoir militaire toujours absolu, et avec le système de centralisation. Sous un tel régime le droit de passe entraîne abus, désordre, interruption du commerce, réduction des produits, et ne saurait être long-temps maintenu.

Notre organisation actuelle nous autorise à demander les meilleures lois, parceque nous sommes chaque année plus avancés et plus dignes de les apprécier. Nous pensons que les barrières peuvent être établies sans qu'il en résulte aucun des anciens inconvénients, et que nous devrons bientôt à ce système toutes les améliorations qui nous manquent.

COMPARAISON

ENTRE LA FRANCE ET L'ANGLETERRE

RELATIVEMENT AUX GRANDES ROUTES.

———

L'Angleterre n'a beaucoup de belles routes, de bons canaux et de grandes manufactures que depuis l'établissement des barrières et par l'influence de ce système.

Chaque barrière donnant un revenu assuré et à perpétuité, on a pu l'hypothéquer, emprunter, créer un capital nécessaire à l'achèvement, à la restauration et à l'entretien annuel de chaque route.

Les barrières limitant les chargements ont augmenté les transports par eau, les revenus des canaux et leur valeur, et déterminé des compagnies à entreprendre à leurs frais les canaux et la canalisation des rivières.

La navigation qui s'étend dans chaque comté et les met tous en communication, sert à transporter les meilleurs matériaux pour les routes à quarante et cinquante lieues, et à très bas prix.

Une nouvelle législation des routes, fruit de plusieurs années de recherches, a réduit les chargements des voitures, et augmenté la taxe sur les routes mal confectionnées et nuisibles, et toutes les peines pour dégradation. Des dispositions nouvelles tendent à conserver les routes et à prévenir les inconvénients de la poussière et de la pluie.

On ne transporte les matériaux qu'en été, c'est-à-dire dans le temps où la route très sèche ne souffre pas du roulage. On porte les approvisionnements hors de la route, dans des espaces réservés de deux cents en deux cents mètres, et d'où ils sont tirés en hiver par des brouettes.

Après des pluies, la chaussée est entièrement nettoyée et raclée, on enlève la boue qui aurait détrempé la chaussée et déterminé sa destruction. La surface est en toute saison sèche, dure et impénétrable.

Dans les temps de sécheresse, beaucoup de routes sont arrosées au moyen de pompes établies de distance en distance, et de voitures à tonneau qui vont d'une pompe à l'autre.

Les routes sont garanties de l'action des eaux de pluie et sauvages par des fossés avec pentes réglées, et des buses en fonte, en terre cuite, en maçonnerie, très rapprochées. On n'aperçoit nulle part, même en hiver, des eaux stagnantes dans les fossés et près de la route.

Les fossés étant extérieurs, et les routes étant généralement bordées d'un côté par un trottoir, et de l'autre par une haie, ou une barrière, les voitures ne peuvent être renversées, et nul accident n'est à craindre, même dans les pays de montagnes et la nuit.

Les cantonniers, en très grand nombre, parcourent chaque jour leurs cantons, nettoient les buses, remplissent les flaches, et maintiennent les chaussées dans le profil primitif.

Des lois sévères, dont l'exécution est confiée au public, préviennent les délits qui compromettraient la solidité et la durée de la chaussée ou la vie des voyageurs. On ne remarque nulle part de traces d'envahissement du sol par les riverains, de dégradation, de dépôt.

Chaque année on affecte, sur chaque route, la totalité des fonds nécessaires pour l'exécution des travaux d'entretien et des améliorations jugées utiles. Ce revenu, fourni en grande partie par les droits de barrière, ne peut être ni enlevé, ni réduit par le gouvernement, qui reste aussi étranger à ces administrations qu'à la culture du sol. Seulement son intervention devient indispensable pour le renouvellement des actes ou l'établissement de nouvelles barrières.

Le bon état des routes d'Angleterre ne doit être attribué ni à un art plus perfectionné, ni à un soin inhérent au caractère anglais, mais uniquement à la prévoyance et à la puissance de la législation toujours plus rigoureuse et inflexible dans les pays plus libres. La beauté des routes est due à une bonne navigation qui sert au transport des marchandises et d'excellents matériaux pour l'entretien des chemins, à l'intervention des associations qui exécutent à leurs frais les ouvrages neufs, et à l'obligation imposée aux propriétaires d'être arbitres pour les expropriations des terrains nécessaires à l'exécution des ouvrages.

Il existe entre ces diverses dispositions une telle

solidarité, que les unes sans les autres ne sauraient exister, ou procurer de bonnes communications. En supprimant par exemple les droits de barrière, les transports des marchandises se feraient par terre; les canaux, ne rendant plus les frais d'entretien, ne tarderaient pas à être négligés, abandonnés même; les routes deviendraient de plus en plus mauvaises, et le commerce diminuerait rapidement.

La France possède au même dégré que l'Angleterre tous les éléments de richesse, des mines abondantes, des matériaux excellents, de belles rivières qui traversent les départements en tous sens.

Mais le gouvernement se réserve la propriété des canaux, des rivières et des routes. Il veut exécuter, réparer, entretenir, et ses ressources sont au-dessous des besoins.

Il laisse les rivières dans leur état primitif, sans chemins de halage, sans barrages, sans écluses, et impose des taxes sur les bateaux; tandis qu'il prend à sa charge les réparations des routes, c'est-à-dire une partie des frais de transport; il détourne ainsi le commerce des rivières où il est favorable à la navigation, pour le porter sur les routes. Il autorise des chargements excessifs qui brisent les matériaux, enfoncent les chaussées, et ouvrent de profondes ornières.

Les fonds des routes ne suffisant même pas à la restauration des communications commencées, on ajourne des chemins aussi nécessaires, et réclamés par les pays.

La navigation n'étant établie que dans quelques arrondissements, on ne peut ailleurs se procurer de bons matériaux ; on est forcé de prendre à quelques lieues des pierres que la gelée, la pluie ou le roulage changent en boue ou en poussière.

Parceque les routes sont affranchies de tout droit, des compagnies ne epuvent entreprendre ni les chemins neufs, ni les travaux de navigation nécessaires, et sans lesquels l'agriculture et les manufactures ne peuvent prospérer.

Les ingénieurs français mettent à exécuter les chaussées le même zèle et le même soin qu'en Angleterre ; ils emploient les mêmes procédés dans beaucoup d'arrondissements, et obtiennent les mêmes résultats partout où les circonstances sont les mêmes. Ailleurs les dégradations doivent être attribuées à des gelées plus fortes, à des matériaux de mauvaise qualité, à des chargements deux fois plus lourds et destructeurs, au mauvais état de la navigation, et à l'affranchissement des routes de droit et à une dotation trois fois moindre.

La différence de l'état des routes dans les deux pays est le résultat de deux législations différentes, contraires même, dont l'une, récemment amendée, peut être considérée comme parfaite ; dont l'autre, établie par un pouvoir central absolu, est incompatible avec toute amélioration générale et durable.

Pour obtenir en France de meilleures routes , et surtout les routes qui manquent, il faut compléter le système de navigation, appeler des compagnies exécutantes, assurer les intérêts des fonds employés en canaux , en repoussant les transports sur les rivières; décider enfin que les routes seront faites et entretenues aux frais de ceux qui en profitent ou par les produits des péages.

Ainsi le rétablissement des barrières est une condition forcée et sans laquelle on ne peut espérer jamais ni bonnes routes, ni navigation complète, ni prospérité pour l'agriculture et le commerce.

La plupart des travaux des routes étant adjugés pour plusieurs années, tout changement relatif au mode d'entretien demande un délai; mais on peut établir immédiatement des barrières dans les départements qui en feront la demande. Les produits seront ajoutés aux ressources locales.

En adoptant en 1829 les dispositions proposées, des compagnies entreprendraient les communications les plus utiles; la France dans quatre ans obtiendrait un plus grand développement de navigation et de routes que l'Angleterre. Dans l'année même un million d'ouvriers maintenant sans travail par suite de la détresse toujours croissante de l'industrie agricole et manufacturière seraient employés à l'exécution de ces ouvrages.

Pour arriver à ces résultats, il faut plutôt consulter les besoins et les vœux des agriculteurs et des fabricants, et des départements éloignés où tout reste à faire, que les habitants de la capitale et des grandes villes, étrangers aux spécialités, et aux vrais intérêts du commerce et de l'agriculture.

Si on se laisse séduire par des propositions d'ajournement, de tâtonnement, lorsque tout est connu, la France sera de plus en plus épuisée par l'impôt d'un milliard, et l'on verra augmenter la détresse des manufacturiers et des cultivateurs.

On demande aux ingénieurs français les routes d'Angleterre, et on repousse les moyens sans lesquels on ne doit espérer ni bonne navigation, ni belles routes, ni prospérité croissante et stable.

CONSTRUCTION ET ENTRETIEN

DES GRANDS PONTS.

Un pont en bois, en fer, en pierres, construit sur une même rivière, procure aux habitants les mêmes avantages lorsque la dépense est au-dessous de 100,000 francs ou lorsqu'elle se monte à plusieurs millions.

Si au lieu d'établir un pont avec économie, on élève un monument de luxe; si on préfère des pierres tirées à grands frais des contrées éloignées aux matériaux du pays, de petites dimensions, mais également solides; si on veut embellir les cités, est-il juste de faire payer les dépenses consacrées à l'embellissement des villes les plus opulentes par les habitants des campagnes éloignées qui n'en profiteront jamais, où toute communication manque par cela même qu'on les épuise en contributions ainsi employées?

La raison a fait justice d'une telle répartition des deniers publics, aussi inutile à la prospérité publique, et chacun demande avec instance que les ponts soient payés et entretenus par ceux qui en profitent.

Si cette sage disposition eût été adoptée plus tôt, les ponts de Paris et des environs seraient depuis long-temps remboursés, et avec ces fonds et les intérêts composés, l'État pourrait faire construire cent ponts et cent routes également nécessaires à divers arrondissements de l'intérieur maintenant sans communication.

En adoptant tardivement cette législation, simple, facile, juste ; en la rendant générale et permanente, l'administration pourra créer immédiatement, sans avances, sans sacrifices, les 40 millions nécessaires à la construction ou à la restauration des grands ponts de France.

Développer et discuter ce principe général d'économie, ce serait l'affaiblir ; il suffit de l'exposer pour le rendre évident, et chacun déjà paraît l'admettre et en demander l'application.

Une question est à résoudre : la concession des grands ponts doit-elle être donnée pour un temps limité ou à perpétuité ?

Nous n'hésiterons pas à déclarer qu'en général il est avantageux pour le pays que les concessions soient perpétuelles, à charge par les actionnaires de maintenir toujours une circulation facile, de conserver les ouvrages en bon état, et d'être responsables des pertes causées par des interruptions. On ne doit condamner les concessionnaires, en cas d'accidents extraordinaires, qu'à payer les dépenses de restauration et de reconstruction.

Lorsque la durée d'une concession est limitée, quelques années après la remise, les ouvrages négligés, rapidement dégradés, retombent à la

h

charge du pays, qui, ne sachant pas entretenir, est exposé à des dommages considérables par des interruptions fréquentes.

Chaque ordonnance de concession doit obliger l'adjudicataire à créer une réserve sur les produits des péages pour assurer l'exécution du contrat et le rétablissement du pont, si une débâcle ou des dégradations intérieures non aperçues en déterminaient la chute.

Le péage établi sur le pont d'une grande ville a sans doute des inconvénients; il faut payer, mais du moins on passe sur un point où l'impôt seul a déterminé l'exécution du pont. On est libre d'ailleurs de l'éviter et de profiter des ponts éloignés sans péages.

En adoptant un tel système on ne fera plus des ouvrages de luxe; l'art paraîtra en décadence; les travaux contribueront moins par leur richesse à la gloire d'un règne, à la célébrité d'un ingénieur; mais des ouvrages plus simples, en plus grand nombre, plus utiles, accroîtront la prospérité nationale.

Le public, par des traditions d'école et le prestige des gouvernements incompatibles avec la liberté, est encore disposé à prendre pour modèle et à imposer aux ingénieurs les exemples d'architecture des grands siècles, des empereurs, du grand roi; on veut toujours que les travaux publics aient un caractère monumental. Mais l'histoire et des souvenirs récents nous apprennent qu'un siècle après ces règnes célèbres, les provinces ruinées par les dépenses en ouvrages fastueux, accablées d'impôts, mécontentes, malheureuses, sont restés sans force contre les irruptions et les dévastations des barbares.

Vouloir toujours recommencer la France de Louis XIV ou de l'Empire, c'est appeler la ruine du commerce, de nouvelles guerres et leurs conséquences.

Mais n'y aurait-il donc ni art ni mérite à concevoir des travaux qui ne coûtent rien à l'État, qui se paient par leurs revenus, en enrichissant les associations et le public?

Il nous semble que rien n'est plus facile que de projeter et d'élever un monument de plusieurs millions, en pierres de taille, avec colonnes, etc., et qu'il faut au contraire une grande habileté pour concevoir et exécuter un ouvrage solide et utile, au plus bas prix, et avec un capital remboursé dans un délai fixé par une portion des bénéfices qu'il donne au public.

D'après les considérations ci-dessus, adoptées par tous les hommes qui s'occupent d'économie politique, il paraît nécessaire et juste de décider qu'à l'avenir les grands ponts seront construits, réparés et entretenus par les produits des droits de passe, ou aux frais des villes qui en profitent, selon qu'il paraîtra plus convenable aux administrateurs de ces villes.

L'établissement des péages serait facultatif, et

h.

on n'accorderait aux villes des droits de passe que sur les demandes des conseils, approuvées et sanctionnées par des ordonnances ou par des lois.

Toutefois on laisserait aux associations la faculté de construire de grands ponts à leurs frais et périls avec concession des péages, partout où les autorités locales en feront la proposition.

DE LA NAVIGATION INTÉRIEURE.

Depuis seize ans nous cherchons à montrer qu'il ne peut y avoir de commerce étendu et de prospérité sans une bonne navigation; que les dépenses en canaux sont comme perdues, si les rivières restent dans l'état de nature, sans digues, sans chemins de halage, sans barrages éclusés, la navigation actuelle étant suspendue en été par les sécheresses, en hiver par les inondations.

Nous avons également essayé de prouver que les améliorations des rivières ne peuvent être entreprises que par des compagnies exécutantes, et soumissionnées par elles, qu'après le rétablissement des droits de barrière sur les routes.

En 1818, les canaux de la Sensée, de l'Ourcq, et plusieurs autres ouvrages concédés à des compagnies, ayant été achevés dans un court délai, inspirèrent de la confiance, et tout faisait espérer que le gouvernement ne s'écarterait plus de la voie ouverte par Henri IV et Louis XIV, et suivie avec persévérance par les Anglais.

A chaque session, on remarquait dans les discussions des deux chambres sur les projets de loi des canaux, plus de lumières et de maturité, et l'intention de n'admettre que les propositions conformes aux principes d'économie politique.

Le rapporteur d'une commission de la Chambre.

des députés, M. Héricart de Thury, défendit cette opinion avec chaleur, et voulut bien prendre pour épigraphe le passage suivant de l'introduction de l'*Histoire de la navigation intérieure* que nous avons publiée.

« Les concessions des canaux sont de toutes les » spéculations celles qui offrent le plus de chances » de bénéfices ; mais pour que les canaux à faire » soient productifs et soumissionnés, il faut que les » rivières qu'ils feront communiquer soient facile- » ment navigables ; et comme un gouvernement est » dans l'impossibilité d'améliorer et d'entretenir, » il nous paraît indispensable que, préalablement, » l'État concède à des compagnies les canaux exé- » cutés et les rivières navigables, à la condition de » faire dans un délai déterminé les ouvrages né- » cessaires. »

Nous nous sommes efforcé de développer ces principes, d'en faire l'application, et de combattre un système contraire. Cependant le gouvernement rentrant dans la marche suivie à la fin du dernier siècle et sous l'empire, a confirmé les résultats annoncés.

Nous nous proposons d'indiquer de nouveau les causes des erreurs, les moyens de les prévenir, et de compléter en peu d'années le système de navigation intérieure.

Les personnes étrangères à l'art, et les hommes du monde les plus influents, ne jugent souvent du mérite des travaux que par les difficultés vaincues ;

ils n'admirent que les montagnes percées, les colonnes entassées, les masses de construction élevées, et ne tiennent compte ni des chances de perte, ni des inconvénients du luxe dans les travaux.

Lorsque le canal de Languedoc eut ouvert la communication des deux mers, la France, fière de cet utile et beau monument, et l'Europe attentive et juste en publièrent les merveilles; mais bientôt le public, séduit par la magnificence des ouvrages que l'art commandait dans cette localité, confondit dans sa pensée les mots *canaux et navigation*; on crut en France, en Angleterre, en Belgique, et sur le reste du continent, qu'on ne pouvait naviguer avec sûreté, commodité et rapidité que sur des canaux artificiels; que les rivières ne sont bonnes que pour fournir de l'eau aux canaux de navigation. Il est résulté de cette prévention générale que, pendant le XVIIIe siècle, la plupart des États n'ont entrepris que des canaux artificiels, et que ces ouvrages sont inutiles ou imparfaits, et que les rivières, plus nécessaires que les canaux, restent, surtout en France, dans l'état de nature, sans navigation pendant six mois.

Le gouvernement français et les provinces ont dépensé 32 millions au canal de Languedoc, 18 millions aux canaux de Saint-Quentin et Crozat, et avaient laissé la Garonne et l'Oise, où ils débouchent, dans leur état primitif. Des bateaux de 150 tonneaux vont en quatre jours de Cette à Toulouse en traversant la chaîne de montagnes ; et il faut à Toulouse partager cette charge sur deux ou trois bateaux pour descendre la superbe rivière de la Garonne, où quelques millions dépensés en trois ans assureraient une navigation régulière, rapide, et aussi utile au pays que le grand canal.

Dans les derniers temps, le gouvernement, séduit par le même prestige, ne s'est occupé que des canaux ; mais quand il aura dépensé 150 millions pour en achever plusieurs, et quand il consacrerait plus de 500 millions aux autres canaux projetés, la France n'aurait pas encore une bonne navigation intérieure, puisque les rivières qui devraient les réunir ne servent qu'à les séparer, et à empêcher qu'ils ne soient productifs. Il semble en être ainsi de tous les actes des gouvernements lorsque les décisions sont prises sans enquêtes préalables, par des hommes étrangers aux spécialités, aux besoins de l'agriculture, des manufactures, et aux vœux du commerce.

Le pays aurait tout à gagner, en confiant les améliorations à des associations responsables qui s'enrichissent par le succès ou se ruinent par les fautes. Leur intervention est une épreuve qui fait le départ entre les projets imaginaires et utiles.

Mais dans les États les mieux réglés, lorsque le ministère peut s'affranchir de telles mesures prescrites par les institutions, il s'en écarte sous le prétexte spécieux de la sûreté, de la gloire nationale ; chaque décision prise sans investigation, sans contrôle public, est presque toujours une faute, souvent même une calamité.

Les gouvernements de l'Angleterre, des Pays-Bas, ont voulu, comme le gouvernement impérial, ordonner, exécuter des canaux sur les fonds publics, et aucun de ces ouvrages n'a rendu ou ne rendra probablement pas même les frais d'entretien; le capital est donc perdu, puisque la même somme, employée à d'autres ouvrages moins fastueux et plus utiles, eût payé l'intérêt des fonds, et procuré au pays de grands avantages.

Ainsi les bonnes intentions, les lumières, le génie même du chef d'un gouvernement ou d'un premier ministre, ne garantissent point le pays des fautes et des pertes. Lorsque les décisions sont prises sans consulter le public, l'erreur de la veille ne sert pas de conseil le lendemain; un ministre n'estime souvent la puissance que par le plaisir de l'action et les chances de renommée. Le faste, les monuments promettent une gloire facile, mais le public qui paie devient victime de toutes les dépenses que sa raison, plus prévoyante que le génie, ne jugeait pas nécessaires et ne demandait pas.

On exposerait sans doute le pays à un inconvénient plus grave en consultant sur les améliorations à faire les classes peu aisées, qui, vivant au jour le jour, sans instruction, sans prévoyance, s'alarment des changements et les repoussent de leurs vœux.

Mais il existe en France une population nombreuse de propriétaires, de négociants éclairés, que n'influencent pas les habitudes, les préjugés, qui peuvent donner sur chaque question à résoudre des solutions complètes, et créer, en s'associant, les améliorations qui nous manquent.

Des canaux ont été entrepris en France, les uns par le gouvernement, les autres par des compagnies. Les résultats contraires qui ont été obtenus justifient nos observations, et conduisent au meilleur système ; il est temps encore de profiter de cette expérience, puisque la plupart des importantes communications restent à ouvrir.

Une bonne navigation intérieure n'est pas seulement utile à la prospérité publique, elle est devenue nécessaire à la sécurité, à la stabilité et à la puissance de l'État. En laissant plus long-temps les rivières comme abandonnées, la plupart des 277 arrondissements, sans commerce, sous le poids de charges excessives, ne paieraient les impôts qu'avec des difficultés toujours croissantes ; on verrait bientôt la culture de la vigne délaissée, les fabriques se fermer, plusieurs millions d'ouvriers sans travail, la France de plus en plus tributaire du commerce étranger. Une stagnation mortelle frapperait les contrées les plus favorisées par le sol, le climat et d'heureuses institutions.

Le ministère animé des meilleures intentions ne peut manquer de reconnaître qu'il suffira d'une bonne législation des travaux publics pour procurer à la France de nouvelles sources de richesses, et faire fleurir toutes les branches d'agriculture et

des manufactures. Pour hâter l'exécution des améliorations qui nous manquent, nous essaierons de
nouveau de discuter les questions à résoudre, et de
combattre les oppositions, les préjugés et les obstacles à vaincre.

Nous pensons que le gouvernement doit donner
à des compagnies exécutantes la concession à
perpétuité de tous les canaux achevés ou commencés, et des rivières navigables et flottables;
c'est le seul moyen d'obtenir une bonne navigation
intérieure, sans laquelle nul grand commerce n'est
possible. Si l'État continue de conserver la propriété de quelques canaux, du canal de Neuf-
Fossés, par exemple, et d'en laisser l'entretien à
l'administration de la guerre, qui depuis trente
ans n'a pas fait d'améliorations et de réparations;
tous les canaux du Nord qui viennent aboutir des
places de la Flandre et de l'Artois à ce passage
forcé, ne rempliront point le but qu'on s'était proposé; le pays ne retirera pas les avantages qu'il
avait droit d'attendre des travaux entrepris sur la
ligne de Dunkerque à Paris. Les commerçants et
les contrées qui ont payé les dépenses n'ayant
aucune action à exercer contre l'administration de
la guerre, continueront à éprouver des retards et
des pertes incalculables.

Le gouvernement occasione au pays un plus·
grand préjudice en se réservant de même la navigation de la haute Seine et de l'Yonne, ou viennent
déboucher les canaux de Bourgogne, du Nivernois,

du Centre, de Briare, d'Orléans et de la Loire, et la navigation de la Saône, la plus belle rivière de France, où se réunissent les canaux de Monsieur, de Bourgogne et du Charolais. L'état d'imperfection de ces rivières repousse le commerce des canaux intermédiaires, fait perdre à la France l'intérêt et le capital des sommes empruntées et dépensées en canaux. Le voiturage des marchandises ne peut se faire que par terre et à grands frais; les grandes routes sont dégradées, et la cherté des transports met obstacle à la prospérité du commerce.

Le perfectionnement des rivières est donc indispensable et urgent; maintenant cette nécessité est si bien reconnue que les conseils généraux sont unanimes sur ce point dans leurs votes. Mais dans le choix des moyens, il est probable que des avis contraires seront proposés, fortement appuyés, et suspendront les décisions du ministère. Les personnes les plus influentes demanderont que l'État prenne les ouvrages à sa charge; d'autres, en plus grand nombre, prétendront que les ouvrages sur les rivières inonderont le pays, nuiront aux riverains, imposeront au commerce de nouvelles charges.

Nous répondrons aux uns et aux autres par des faits.

Lorsqu'un gouvernement veut exécuter lui-même, ne connaissant que rarement les besoins des campagnes, il se laisse souvent séduire par les souvenirs des grands règnes, les doctrines des anciennes académies, et les prédilections du peuple des capitales ; il ordonne de préférence, comme en Angleterre, en Belgique, et même en France, des ouvrages fastueux, très difficiles et, par cela même, improductifs, comme les canaux Calédonien, du Rhin à la Meuse, du Nivernois, et les canaux latéraux à la Meuse à la Loire. Maintenant les hommes expérimentés reconnaissent que ces canaux ne rendront pas les frais d'entretien, et qu'on ne devait pas les ouvrir.

L'intérêt public commande également de n'entreprendre que des ouvrages nécessaires, et de les exécuter au plus bas prix possible. Une compagnie responsable peut seule résoudre ce grand problème. Si elle se trompait, elle paierait seule ses erreurs ; le public n'est jamais appelé à partager que ses succès.

La canalisation d'une rivière nous paraît en général préférable à un canal latéral ou artificiel ; la dépense des travaux de perfectionnement et les droits de navigation sont plus faibles ; on n'ôte pas aux riverains l'usage d'un droit établi ; on rend la communication plus facile pour tous, on augmente la valeur de toutes les propriétés ; personne ne perd par une amélioration utile à tous.

Lorsqu'on ouvre un canal parallèle à une rivière navigable, on est forcé, par respect pour des droits acquis, de conserver la navigation naturelle plus mauvaise mais peu imposée. Les bateliers, cédant à l'influence de l'habitude, et préférant la gêne et le danger à une dépense en droits de passe, aiment à suivre l'ancienne ligne ; ils comptent, comme tous les hommes, sur leur habileté et leur bonheur, et s'exposent sans peine à des périls qu'ils ont heureusement bravés la veille. La leçon du malheur ne suffit pas pour les déterminer à suivre une voie nouvelle, plus prompte, plus sûre, en définitive moins chère pour le commerce. Ainsi les marins d'Angleterre et de Hollande continuent à affronter les chances de la mer, et préfèrent la navigation maritime au trajet plus court des canaux du Rhin à la Meuse et à l'Escaut, et du canal Calédonien. Ce dernier canal n'est utile qu'aux bâtiments à vapeur, inconnus lorsque le projet en fut adopté. En France, les bateliers probablement suivront aussi la Loire, surtout en descendant, de préférence au canal latéral.

Ainsi les canaux artificiels ouverts pour remplacer une navigation naturelle coûtent beaucoup plus que le perfectionnement des rivières, servent peu, ne rendent pas les intérêts des capitaux, et ne peuvent être entrepris que par les gouvernements, qui, ne retirant pas de revenus des fonds publics dépensés, considèrent avec raison cet emploi comme plus avantageux que tous les autres.

Une compagnie exécutante, étudie, consulte, et ne sacrifie ni au luxe, ni aux prédilections dans le choix des travaux et des hommes ; elle exige l'utilité dans les projets, l'économie dans l'exécution, le zèle, le talent et l'expérience dans la direction ; elle ne se confie qu'aux plus habiles. Les travaux sont plus rapidement exécutés et toujours bien entretenus. Les erreurs sont plus rares, plus tôt réparées, et ne sont jamais supportées par le public.

Les compagnies doivent être autorisées à faire rédiger les projets par des ingénieurs de leur choix, et à les exécuter tels qu'elles les présentent. Si l'administration veut changer les projets, imposer des directeurs, même des surveillants, elle repousse les associations recommandables ; elle prend sur elle la responsabilité des travaux ; elle s'expose sans avantages à des grandes chances de pertes. Plusieurs évènements ont confirmé ces conjectures que nous avions depuis long-temps présentées. L'administration n'impose pas à chaque malade, à chaque plaideur, un médecin ou un avocat ; elle laisse à chacun pleine liberté, mais elle exige, et avec raison, que l'on ne choisisse que parmi les personnes reçues. L'art de l'ingénieur n'a-t-il pas aussi ses conjectures, ses difficultés, n'exige-t-il pas la même confiance ? Il faut laisser aux inventeurs la possibilité d'exécuter, de se tromper, lorsque les tentatives ne coûtent rien à l'État ; cent découvertes doivent être essayées avant d'en trouver une profitable. Lorsque le trésor paie, toute novation est repoussée et devient comme impossible, parceque les tentatives sont souvent ruineusès ; on reste ainsi fort en arrière des autres nations, et de plus en plus leur tributaire.

Pour obtenir une bonne navigation intérieure, sans laquelle nulle prospérité n'est possible, plusieurs conditions semblent nécessaires : il faut laisser aux ingénieurs la faculté d'exécuter leurs projets tels qu'ils les proposent, lorsqu'une compagnie offre d'en payer les dépenses ; il faut autoriser les compagnies à désigner les ingénieurs, et accorder à perpétuité la concession des canaux et des rivières à canaliser.

Mais le perfectionnement des rivières, sans lequel nulle bonne navigation n'est complète, semble encore un problème très difficile à résoudre, qui partage les hommes de l'art les plus exercés et effraie les propriétaires riverains, le commerce et les compagnies. La certitude qu'on peut le résoudre partout, et l'espoir de convaincre le public, sont les principaux motifs qui nous ont déterminé à entreprendre l'ouvrage que nous publions.

Plusieurs ingénieurs ont proposé de resserrer le lit des rivières navigables pour augmenter pendant les sécheresses le tirant d'eau.

D'autres jugent nécessaire d'en creuser le lit, de draguer les bancs de sable, de couper les seuils, pour rendre la profondeur égale.

Mais ces travaux ne donnent pas dans les temps de crue une bonne navigation ; le fleuve plus resserré augmente de vitesse ; la remonte devient impossible. Une profondeur uniforme qu'on obtient

est trop faible partout, et pendant les sécheresses, même pour des bateaux à demi chargés.

Lorsqu'on établit des barrages en pierres de
taille, se terminant à plomb, avec des écluses
dans le lit même de la rivière, ces ouvrages sont
quelquefois entraînés par suite des affouillements,
et pendant les crues la navigation avec écluses
placées à côté des barrages est très dangereuse,
souvent même impossible en raison de la vitesse
excessive des courants. En été l'eau manque ; on
ne passe qu'avec de faibles charges et de grandes
dépenses.

Avant de présenter un projet de perfectionnement de nos fleuves, nous avons voulu étudier
les travaux de France, des États-Unis, d'Angleterre, de Belgique, reconnaître les causes de
destruction, les difficultés et les moyens de les
prévenir : nous avons attendu la fin de nos expériences dans diverses localités. A l'aide de résultats obtenus, nous croyons pouvoir assurer que
le projet de barrage que nous présentons satisfait à toutes les conditions de solidité, de durée et
d'économie, et que, sans nuire aux propriétés riveraines, il procure une bonne navigation en
toute saison.

Nous prendrons pour exemple le projet d'un
barrage à construire sur la Haute-Seine, s'élevant
dans les plus grandes eaux à 8 mètres 3o centimètres au-dessus de l'étiage, et dont le débou-

ché est réduit à 100 mètres aux ponts de Choisy, de Valvin, ayant cinq arches, de vingt mètres chacune.

Le barrage est divisé en trois parties ; le milieu, qui est fixe, a 100 mètres, et les cinq écluses de chaque côté ont ensemble 40 mètres d'ouverture.

A côté du barrage on ouvre un canal de dérivation avec sas et trois écluses de prise d'eau et de décharge à l'amont et à l'aval, ayant ensemble 50 mètres de passage. Ainsi la longueur totale du débouché, tant fixe que mobile, est de 210 mètres.

Le couronnement du barrage fixe est élevé à 2 mètres 50 centimètres au-dessus de l'étiage, et les radiers des écluses sont établis à 50 centimètres au-dessous de l'étiage. Les barrages sont projetés à des distances telles, que dans les plus basses eaux le tirant du fleuve ne peut être moindre de 2 mètres.

Les portes des écluses ayant des tourillons horizontaux et de fond, se manœuvrent de bas en haut par l'action des retenues d'amont qu'on fait arriver sous le radier et à l'aide de contre-poids. Un seul homme suffit pour les élever ou les abaisser en ouvrant ou fermant les vannes de communication.

Ces portes busquées, représentées sur la planche 1re, s'ouvrent en partie ; elles servent à graduer à volonté la dépense des eaux employées à des usines et à porter l'eau immédiatement dans les aubes de la roue. Chaque roue ainsi placée aux écluses projetées sur la Seine, peut donner une force de deux cents chevaux, qui suffit aux laminoirs et forges des plus fortes dimensions.

Un pareil système n'est pas plus exposé que les portes verticales. Le courant, à ces passages, est tellement rapide, que nul dépôt ne peut y rester ; en cas d'avarie, des poutrelles posées dans les coulisses permettent de réparer ces ouvrages aussi facilement que les écluses ordinaires.

Nous nous sommes surtout attaché à donner au barrage le débouché nécessaire à l'écoulement des eaux pour prévenir les inondations. Les calculs que nous donnerons répondront à toutes les objections.

Par les dispositions précédentes, dans les temps d'étiage, on transforme la rivière en un canal profond, de peu de pente, où la navigation ascendante et descendante est également facile. A mesure que les eaux croissent, on baisse les portes, on augmente progressivement le débouché, et le niveau près du barrage est constant. Dans les grandes crues, toutes les écluses étant ouvertes, la rivière retrouvant le même débouché ne cause point d'inondation.

Le projet indiqué par la première planche a obtenu l'assentiment d'hommes de l'art expérimentés, et se trouve justifié par les travaux semblables exécutés aux États-Unis, ou par nous dans le département du Nord.

Le barrage d'un fleuve construit avec les précautions et l'art nécessaires n'est ni plus exposé, ni plus difficile à entretenir que les barrages établis pour créer la chute d'une usine ; la dépense n'est plus élevée qu'en raison d'une longueur et d'une profondeur plus grandes, et des batardeaux à construire.

On remarque dans le projet du barrage une disposition nouvelle que nous jugeons indispensable. Le barrage très alongé à l'aval se relève à son extrémité, dans le but de donner à l'eau une direction ascendante, de lui ôter son action et de prévenir tout affouillement. Par une précaution analogue, nous avons arrêté les affouillements qui auraient emporté une écluse, et la fosse déjà creusée s'est bientôt remplie par les atterrissements naturels.

Le barrage projeté remplit trois destinations : il fait perdre la chute de la rivière sur une place préparée et défendue contre l'action des courants ; il donne par le pont une communication utile au pays ; il sert à créer une grande puissance plus avantageuse encore sur une rivière navigable, où les transports faciles de matières premières et des produits assurent le succès des manufactures.

Le canal de dérivation commence à l'amont du

barrage, et finit à l'aval, à des points où la vitesse de la rivière n'est pas sensiblement altérée par le barrage ; ainsi les bateaux pourront entrer dans le canal et en sortir sans difficulté, quel que soit le niveau de l'eau. Les digues et les bajoyers des écluses étant plus élevés que les plus hautes eaux, le canal sera une gare où les bateaux stationneront pendant les glaces et les crues extraordinaires.

On remarque à l'aval de chaque barrage des bassins larges et profonds creusés par la violence des courants, et plus loin des bancs de gravier et de sable déposés aux points où la vitesse diminue. Ces écueils rendent le passage des écluses en rivière et des anciens ponts très dangereux ; non seulement le courant est excessif, mais il change brusquement de direction et jette souvent les bateaux sur les atterrissements. On est forcé de suspendre la navigation, soit dans les crues, soit dans les basses eaux, et le fret est augmenté par les retards et les assurances contre les dangers. Ces inconvénients, inhérents aux projets d'écluses en rivière, sont prévenus par le nouveau projet.

A chaque barrage on aura trois produits : 1° les droits de navigation ; 2° les droits de passage sur les ponts ; 3° la location des usines. Ces revenus suffiront pour acquitter les frais de réparation des ouvrages et les intérêts des capitaux ; et on peut compter en outre que les bénéfices croîtront à mesure que les autres branches des canaux et les rivières seront perfectionnées.

Dans le règlement des tarifs, on fixera des droits tels que le fret de la navigation descen-dante n'augmentera pas, et que celui de la navigation ascendante diminuera beaucoup.

Le projet de barrage proposé pouvant s'appliquer à toutes les rivières, il assurera surtout des produits proportionnés aux dépenses. Des associations offriront de se rendre concessionnaires à leurs frais et périls des travaux qui manquent; ces ouvrages rendront productifs les canaux payés par l'État, qui retirera alors l'intérêt des 150 millions consacrés aux ouvrages entrepris.

Le gouvernement parviendra dans peu à ces résultats en adoptant les principes de législation de Henri IV et de Louis XIV, principes long-temps abandonnés pendant que l'Angleterre savait les adopter et fonder par eux sa grandeur.

Le gouvernement n'a plus besoin d'une plus longue épreuve pour s'assurer des dangers de son intervention dans les entreprises. Des emprunts à un taux élevé, des augmentations dans la dépense, des réductions dans les recettes présumées, des primes à payer par les retards ne sont encore que les plus faibles inconvénients de la marche adoptée. Le système actuel repousse les compagnies, empêche d'exécuter des travaux indispensables, d'occuper les ouvriers sans travail; il occasione au pays les plus graves préjudices ; car le repos forcé d'un million d'ouvriers est une perte par an de 5oo millions, et une cause de mécontentement et de malheurs publics.

Les compagnies exécutantes sont maintenant repoussées par des obstacles insurmontables : les oppositions de l'administration de la guerre, les contestations sur les projets, les retards par les discussions, des modifications dangereuses ; enfin la certitude que les nouveaux ouvrages resteraient improductifs, parceque l'État conserve des canaux et des rivières qu'il ne peut améliorer.

Lorsque les compagnies sauront qu'on peut, sans de grandes dépenses, rendre la navigation des rivières aussi prompte que celle des canaux ; que l'État est décidé à céder aux associations les canaux entrepris et les rivières à perfectionner ; qu'il veut encourager comme autrefois les concessionnaires par des titres honorifiques, tous les travaux utiles seront soumissionnés, et en peu d'années partout entrepris. Les classes ouvrières, enrichies par le travail, feront prospérer l'agriculture et les manufactures maintenant en souffrance ; la navigation, étant plus rapide et meilleure, les frais de transport et de fabrication seront réduits, notre commerce prendra au dehors une extension maintenant impossible.

Nous ne cesserons de le répéter, les seules dispositions à prendre pour obtenir une bonne navigation intérieure et assurer une prospérité durable, peuvent se réduire aux suivantes :

Le gouvernement concédera à perpétuité à des compagnies exécutantes les canaux achevés ou commencés et les rivières navigables et flottables, à la condition d'exécuter dans un délai déterminé les travaux d'amélioration jugés nécessaires.

Ces compagnies adjudicataires devront terminer les ouvrages dans un délai de cinq ans, et les entretenir constamment en bon état, de manière à assurer un trajet au moins de seize lieues par jour en descendant, et de treize lieues en remontant, en retranchant un sixième de lieue par écluse à traverser.

En cas de retard et de chômage prolongé au-delà d'un terme fixé par an et par canal, chaque compagnie sera responsable des pertes causées aux négociants et aux bateliers.

Lorsqu'une association de propriétaires et de capitalistes aura terminé à l'époque fixée les ouvrages, et fait constater que les conditions du marché ont été remplies, les six principaux associés dénommés par le contrat recevront les distinctions honorifiques accordées par Henri IV, Louis XIII et Louis XIV aux concessionnaires des canaux de Briare, du Languedoc et des canaux de dessèchement.

Les obligations imposées à chaque compagnie de canaux donneraient au public et aux autres associations l'assurance que la navigation ne serait jamais interrompue sur les lignes ouvertes. Par ces garanties, de nouvelles associations s'empresseraient de soumissionner et d'exécuter les embranchements utiles. Plus la navigation deviendrait étendue et parfaite, et plus les premières entreprises donneraient de bénéfices.

Les mesures proposées étant d'abord appliquées aux canaux entrepris par l'État au moyen des emprunts, contribueraient à diminuer les augmentations de dépense annoncées. Ces canaux isolés débouchant dans des rivières peu navigables, étant continués aux frais du gouvernement, ne rendraient pas les frais d'entretien ; tandis qu'entre les mains des compagnies, le produit s'élèverait au-delà de l'intérêt du capital d'après les motifs exposés plus haut.

Nous sommes loin de proposer de violer les contrats passés, de les modifier d'aucune manière ; tout doit conseiller et prescrire au contraire de les observer avec un respect religieux pour la loi, qui doit être inviolable dans un gouvernement représentatif. Mais l'État a le droit de mettre par adjudication publique et aux conditions les moins onéreuses une autre compagnie en son lieu et place, et de la charger, sous sa garantie, des obligations contractées avec les prêteurs.

Nous prendrons pour exemple le canal de Bourgogne. Le gouvernement doit fournir six millions en trois ans pour terminer ce canal ; après ce délai, il sera tenu, sur les produits des péages, de payer les frais de répartition et de perception, et de donner aux prêteurs l'intérêt des fonds, une prime, et en outre une portion de l'excédant, s'il existe. Le gouvernement concéderait ses droits sur ce canal à une association qui s'engagerait à le terminer dans un délai fixé, à entretenir toujours les ouvrages en parfait état, et à donner aux prêteurs la portion des éventualités réservées par le contrat primitif.

Il ne serait nullement nécessaire de s'entendre avec les compagnies prêteuses, et de leur demander leur adhésion, puisque l'État resterait responsable de la nouvelle association, après avoir exigé les garanties nécessaires. Ce contrat serait surtout favorable aux prêteurs en assurant le prompt achèvement des canaux et leur parfait entretien. Il paraît évident que dans le cas de concurrence on devrait donner la préférence à l'association des prêteurs, qui deviendrait alors une véritable compagnie exécutante.

Mais il faut encore rappeler que de tels arrangements, commandés par l'intérêt public, ne seront possibles que lorsque le gouvernement aura décidé que le perfectionnement de toutes les rivières sera confié à des compagnies, car, pour le cas cité, le canal de Bourgogne ne pouvant donner aucun revenu net avant le perfectionnement de la navigation des rivières de la Saône, de l'Yonne et de la Haute-Seine, l'État ne trouverait pas de compagnie pour un seul ouvrage. La concession des rivières est donc une mesure préalable et indispensable.

Il faut en outre que l'État cesse de payer les réparations des routes, c'est-à-dire les frais de transport ; qu'il ne détourne plus le commerce des canaux pour l'attirer sur les routes; il empêcherait à la fois la soumission des canaux , l'établissement d'une bonne navigation et la restauration des routes. Amener le public à demander le rétablissement des barrières est donc le secret du succès de l'opération des canaux , et le seul moyen de prévenir les pertes annoncées. Nous sommes ainsi ramené à la même solution de la question générale.

D'après ce qui précède , on doit reconnaître que l'établissement d'une bonne navigation et le perfectionnement des routes seront le résultat d'une législation qui mettra les frais de construction et de réparation des chemins et des canaux à la charge de ceux qui en profitent ; qui fixera le tarif des rivières et canaux en raison des améliorations, et les droits sur les routes d'après les dégradations faites. La durée de chaque concession calculée par les dépenses et les produits probables sera réglée par des adjudications.

Conserver le système actuel, c'est ôter toute chance de prospérité à la moitié de la France, qui manque de communication et se trouve condamnée à payer pour l'autre moitié plus riche.

Nous avons vu que le gouvernement pouvait en quelques années satisfaire les besoins du pays, et donner sans dépenses publiques une bonne navigation, en concédant à des compagnies les canaux entrepris et les rivières canalisées. Mais des personnes qui veulent comme le public ces résultats, repoussent cependant les seuls moyens de les faire obtenir ; elles renouvellent contre les droits de navigation les objections faites sur les barrières des routes, et demandent même la suppression des péages établis.

La suppression des droits sur les rivières est sans doute motivée, lorsque nul ouvrage d'amélioration n'a été entrepris ; mais plus l'état de nos rivières est défectueux et nuisible au commerce, plus il est nécessaire d'en perfectionner la navigation, et de lier par elles nos canaux qu'elles ferment. Ces améliorations ne pouvant être obtenues que par les produits à concéder, il faut donc maintenir les droits actuels et les augmenter en raison des dépenses utiles ou des travaux nécessaires.

L'expérience montre que plus la navigation est perfectionnée, et plus le fret diminue, malgré l'augmentation des droits, par suite de l'économie du temps et des frais. On est parvenu en Angleterre, sur la Tamise, en Belgique, et particulièrement en France, sur l'Escaut, à réduire successivement le fret d'un cinquième, d'un quart, et même de moitié, à mesure qu'on élevait dans le même rapport les droits pour le remboursement des ouvrages d'art exécutés par des compagnies.

En Angleterre, le salaire du batelier n'est que

le tiers du prix du fret ; les deux autres tiers servent à payer les droits des canaux ou des rivières canalisées. En France, le salaire du batelier s'élève à dix et vingt fois les péages, parceque la navigation, interrompue plusieurs mois chaque année, est toujours difficile ; il faut indemniser le batelier des retards et des frais. On évalue en France la perte des transports par eau aux sept dixième de la dépense, et à plus de 200 millions, sans compter le préjudice causé par les transports sur des routes parallèles aux rivières navigables.

Les améliorations de l'Angleterre n'ont été obtenues que depuis soixante-quinze ans, et par la seule influence de la législation, qui met au compte des voituriers les dégradations et les frais d'entretien des routes, et donne à des associations les canaux et les rivières. La rapidité et l'économie sur les transports ont augmenté la prospérité du commerce et la puissance de ce pays.

Lorsque le gouvernement français adoptera une législation analogue, des associations se formeront, et prendront de même à leurs frais et périls l'amélioration des rivières, l'achèvement des canaux. Les premières compagnies, les plus entreprenantes et les plus habiles, retireront d'immenses bénéfices, et soulèveront l'envie ; mais un tel succès, qui ne s'obtient que par des avantages publics, encouragera les capitalistes les plus timides à se réunir en association, et déterminera l'exécution de tous les travaux utiles. La confiance en Angleterre n'a été fondée que lorsqu'on a reconnu que le perfection-nement des rivières et l'ouverture des canaux (1) donnaient la chance d'un bénéfice de cinq, dix et même dix-huit capitaux pour un, ainsi que le montre le tableau ci-dessous.

(1) **LISTE**

DES PRINCIPAUX CANAUX, DOCKS, ETC., D'ANGLETERRE qui rendent au-delà des fonds dépensés.

NOMS DES CANAUX, DOCKS, ETC.	VALEUR D'UNE ACTION		INTÉRÊT par ACTION.
	PRIMITIVE.	VÉNALE.	
CANAUX.			
Ashton et Oldham..................	2448	3750	162
Barnsley.........................	4000	7000	250
Birmingham.......................	437	6500	312
Coventry..........................	2500	27500	1100
Forth et Clyde....................	10020	14750	625
Grande jonction...................	2500	7350	254
Glamorganshire	4315	5750	325
Grontham..........................	3750	4750	225
Leeds et Liverpool................	2500	9500	400
Leicester.........................	3500	10000	400
Monmouthshire.....................	2500	5000	250
Metton Mowbray....................	2500	6250	275
Oxford............................	2500	18500	800
Peakforest........................	1950	3550	150
Somerset Wal......................	2500	4250	250
Stafford et Worcester.............	3500	18750	1000
Shrewsbury........................	3125	5250	250
Stour Bridge......................	3625	8500	425
Stroudwater.......................	3750	11250	575
Svanser...........................	2500	6000	350
Trent et Mersey...................	2500	46250	1850
Warwick et Birmingham.............	2500	6250	275
Warwick et Napton.................	2500	5500	275
DOCKS.			
West India........................	2500	4862	250
DISTRIBUTION DES EAUX.			
Liverpool corporation.............	2500	9500	
Liverpool Bootle..................	2500	5375	

Nous cherchons à montrer depuis quinze ans que l'avenir des agriculteurs, des fabricants et de toute la France dépend de la décision du gouvernement sur ces importantes questions d'économie politique.

Si l'administration se réserve le droit exclusif d'exécuter elle-même les canaux, les travaux seront limités à l'étendue maintenant très bornée de ses ressources ; elle sera forcée de choisir de préférence les ouvrages qui intéressent les grandes villes mieux représentées ; ainsi des entreprises en petit nombre seront tentées et payées par la France et seulement profitables à quelques localités.

Si elle lègue ses pouvoirs aux conseils généraux du département, les mêmes inconvénients subsisteront, car la plupart des améliorations seront de même ajournées ; et les travaux entrepris aux frais de tout le département, ne seront avantageux qu'aux principales villes dont les membres au conseil ont plus d'influence.

Dans ces deux cas le but est également manqué : on ne fait pas, on empêche d'entreprendre, et on néglige les cantons éloignés du centre.

En confiant, au contraire, la restauration et l'entretien des routes aux soins des principaux contribuables de chaque canton, et l'ouverture des canaux, des docks, des travaux en rivière et des routes neuves, à des associations de propriétaires et de capitalistes, on arrive, sans sacrifices du trésor, à créer toutes les améliorations nécessaires à la prospérité publique, et à donner de l'occupation à tous les ouvriers.

L'organisation des compagnies exécutantes exige l'intervention comme arbitres des principaux propriétaires nommés commissaires de canton pour régler à l'amiable les indemnités de terrain, en conservant toutefois le recours aux tribunaux et la législation actuelle sur l'expropriation pour cause d'utilité publique.

Ainsi les mesures à prendre pour assurer immédiatement la prospérité de la France n'exigent aucune loi nouvelle ; il suffit de fixer par des ordonnances les fonctions arbitrales des commissaires, et les conditions à remplir par des compagnies exécutantes. Les projets de règlement que nous proposons pour la concession des canaux et l'entretien des routes réunissent les principales dispositions à prendre.

Après avoir indiqué les moyens de donner à la France les communications qui lui manquent, nous croyons devoir examiner les reproches faits aux ingénieurs d'avoir dépassé dans l'exécution des canaux entrepris l'évaluation des dépenses.

Les ingénieurs des ponts et chaussées dans leur service ne sont jamais appelés qu'à donner des avis, qu'à présenter des projets. Leurs propositions, toujours soumises à divers conseils et à des autorités supérieures, ne manquent que très rarement d'être modifiées. Comme les examens demandent souvent plusieurs années, l'auteur d'un projet est rarement chargé de son exécution. Nulle autorité n'est laissée aux ingénieurs dans le choix des personnes et des moyens, ils ne peuvent donc être responsables des travaux.

Les ouvrages d'ailleurs ne sont entrepris que long-temps après avoir été étudiés, et lorsque des variations impossibles à prévoir dans le prix des journées et des matériaux ont été apportées par des circonstances extraordinaires, comme dans la dernière période de quinze ans. A aucune époque la France et tout autre pays n'étaient passés aussi brusquement d'un état de trouble intérieur, de guerre générale, à un état de profonde paix ; d'un gouvernement arbitraire, à un gouvernement bien réglé ; de la stagnation complète du commerce maritime, à une activité extraordinaire. On pouvait prévoir l'heureuse influence du pacte fondamental, mais il était au-dessus de la prescience humaine de deviner un accroissement aussi rapide d'industrie, et cet élan général qui a porté les particuliers à tenter des entreprises au-delà même de leurs ressources.

L'accumulation rapide des richesses, la multiplicité des travaux particuliers, l'abondance des capitaux étrangers plus attirés par la sécurité d'un bon gouvernement que par l'attrait de grands bénéfices, ont fait doubler sur quelques points les prix des terrains, des journées, des matériaux, et par conséquent des ouvrages.

A ces causes d'augmentation, il faut ajouter les

inconvénients du mode d'expropriation pour cause d'utilité publique, qui expose le gouvernement à payer deux et trois fois au-delà des valeurs vénales courantes. Ainsi les projets rédigés antérieurement ont dû coûter beaucoup plus que les estimations premières, et il ne dépendait pas des ingénieurs de prévoir et de prévenir un excès de dépenses, qui n'est que le résultat d'un rapide accroissement de prospérité.

Il eût été préférable, sans doute, de confier les travaux à des compagnies exécutantes à leurs frais et risques ; mais presque tous les capitalistes craignent avec raison de s'engager dans ces entreprises ; ils connaissent les obstacles qui s'opposent au succès, et leur intervention n'est possible qu'après avoir levé les difficultés que nous avons signalées.

Plusieurs personnes soutiennent que le pays perdra les 150 millions dépensés en canaux, ou du moins les 50 millions et plus d'augmentation ; qu'il ne fallait pas les entreprendre, et qu'on doit en abandonner plusieurs dans leur état actuel d'imperfection.

Reportons-nous à 1816, à cette époque de fermentation, où l'on comptait autant d'opinions que de provinces et d'hommes supérieurs, où quatre cent mille personnes furent tout-à-coup renvoyées des armées et des administrations ; c'était alors, comme maintenant, une nécessité d'employer les capitaux morts, et d'occuper les hommes oisifs par de grands travaux. Les canaux entrepris ont donné de l'aisance à cent mille familles ; et maintenant l'état de gêne des ouvriers et la stagnation du commerce doivent être attribués à la rareté toujours plus grande des ateliers à Paris et dans l'intérieur.

Ainsi les grands travaux étant une condition de stabilité, il vaut mieux les entreprendre par le plus mauvais système, même par emprunt, que de les ajourner. Nous pouvons émettre cette opinion, puisque nous nous sommes prononcé dans le temps contre le choix des projets entrepris et le mode de leur exécution.

Après l'évènement, la critique est facile, mais elle serait tellement funeste, si on empêchait l'achèvement des travaux, qu'il nous semble plus important de la combattre que d'empêcher même de nouveaux emprunts pour les canaux.

De toutes les dépenses faites par l'État, il n'en est pas de plus profitables au pays que des travaux intérieurs ; les capitaux répartis entre les classes les plus utiles répandent l'aisance de proche en proche, et les capitalistes, en plaçant leur fortune en actions de canaux, associant leur avenir à la chose publique, sont plus intéressés à la prospérité générale. Il est d'ailleurs à remarquer que les emprunts des canaux ne donnent pas aux prêteurs les bénéfices des rentes achetées par les étrangers, et beaucoup moins que les fonds employés aux canaux d'Angleterre, où l'intérêt de l'argent est cependant beaucoup plus faible qu'en France.

k.

Ainsi, dans notre opinion, le pays doit de la reconnaissance au directeur général des ponts et chaussées qui a ordonné, et aux ingénieurs qui ont exécuté en quatorze ans plus de travaux de navigation que dans les quatorze siècles précédents. Nous devons même dire que M. Becquey a cherché à exciter l'émulation et la confiance des compagnies exécutantes ; qu'il a offert de leur céder de grandes entreprises, qu'il a tenté tout ce qui était en son pouvoir pour les déterminer, et que sa sollicitude a préparé le succès prochain des améliorations qui restent à faire.

Il eût été très avantageux de concéder à perpétuité les canaux commencés aux compagnies exécutantes, qui auraient demandé les moindres sommes pour les achever à leurs risques et périls, et les maintenir toujours en bon état. Mais les capitalistes ont repoussé ce système, maintenant le seul admissible. Il est temps encore d'y avoir recours ; on pourra prévenir toutes les pertes, et retirer, soit directement ou indirectement, un intérêt même élevé de tous les fonds payés ou promis.

Si le gouvernement adopte l'ancienne législation de France, celle d'Angleterre et de tous les pays qui ont une bonne navigation ; s'il offre de donner à des compagnies exécutantes la totalité des ouvrages achevés, entrepris ou projetés, nous sommes certain qu'il s'en présentera maintenant en assez grand nombre pour terminer les ouvrages commencés, et perfectionner la navigation de nos rivières. Alors les anciens ouvrages deviendront très productifs par les nouveaux, et l'État retirera un intérêt direct suffisant de tous ses capitaux avancés.

Cette mesure semble également commandée par des considérations politiques ; il faut de nécessité, ou dépenser chaque année 200 millions en ouvrages utiles, ou réduire les impôts de cette somme, ou enfin employer l'armée aux travaux. Il suffit de parcourir les ateliers et les campagnes pour constater la crise des agriculteurs et des manufacturiers, et en reconnaître les causes. Le peuple, sans travail et dans la misère, ne consomme pas assez ; les produits du sol et des fabriques, sans acheteurs, sont sans valeur. Par de grands travaux les ouvriers deviendront sans doute rares et chers, c'est précisément le but qu'il faut se hâter d'atteindre ; car sans cet accroissement du prix des journées, nulle prospérité n'est possible.

On compte dans chaque département plusieurs entreprises utiles à faire, des canaux à ouvrir, des rivières à perfectionner, des mines et carrières à exploiter ; beaucoup d'hommes éclairés, zélés, disposés à s'associer. Lorsque le gouvernement donnera le droit de faire et le pouvoir d'empêcher d'injustes oppositions, la France fera avant quinze ans des progrès plus rapides que dans les premières années de la restauration ; et par la même influence du meilleur gouvernement, toutes les traces de la détresse actuelle disparaîtront rapidement.

Si au contraire on veut continuer le passé, laisser les canaux et les rivières dans le domaine public, ne pas favoriser l'esprit d'association, on ne doit espérer, même par des emprunts considérables, ni bonne navigation intérieure, ni prospérité certaine dans les branches principales du commerce et de l'agriculture. On verra, comme maintenant, l'hectolitre de blé à 16 francs dans les ports, et à 26 francs dans les départements intérieurs; les échanges seront toujours difficiles, les travaux rares, les fabriques en souffrance; nul avenir ne serait laissé à la France. Nous terminerons cet article, comme les précédents, en demandant avec instance qu'on laisse faire, et qu'on ne sacrifie pas les choses aux hommes, la restauration au système de l'empire, la France aux grandes villes.

DES PORTS DE MER.

Il faut employer des armées et des millions pour unir, par un canal artificiel, deux rivières ou deux grandes villes, et à peine les contrées à dix lieues de distance profitent-elles de cette navigation, lorsque les chemins qui y conduisent sont peu praticables.

En ouvrant avec moins de frais un port commode où les vaisseaux entrent à toute marée, restent à flot à l'abri des avaries, on établit une communication entre ce port et tous les ports du monde, on crée avec moins de dépenses la navigation la plus étendue.

Mais un port n'exerce de même que peu d'influence sur la prospérité des contrées voisines, lorsqu'une navigation intérieure et régulière ne vient point se lier à la navigation maritime. Les frais de transport augmentent le prix des marchandises, en réduisent la consommation et les échanges.

Ainsi, de bons ports sans canaux, ou des canaux sans ports, sont, pour ainsi dire, des ouvrages imcomplets qui ne donnent qu'une faible partie des avantages procurés par les ports où débouchent des canaux.

Nos ports de l'Océan sont, comme nos rivières, dans l'état primitif: tout est à faire. L'entrée en est difficile, et la plupart n'ont ni jetées, ni quais, ni barrages, ni bassins à flot. Les vaisseaux, deux fois à sec en vingt-quatre heures, sont plus exposés, plus fatigués dans nos ports d'échouage, plus rapidement usés que par une navigation longue sur les mers les plus dangereuses.

A peine compte-t-on, sur quatre cents lieues de côtes de l'Océan, quinze ports considérables, presque tous incomplets ou privés des établissements les plus nécessaires. Il manque à Dunkerque, à Gravelines, à Calais, etc., des écluses et des bassins à flot; à La Rochelle, à Cherbourg, des canaux navigables. Sur la Seine, la Loire, la Garonne, le Rhône, etc., on n'aperçoit pas un ouvrage d'art, pas un seul dock ou bassin à flot achevé ou même entrepris; les marchandises sont déchargées à Nantes, à Bordeaux, à Rouen, comme à la Nouvelle-Orléans et dans les ports des pays nouvellement habités et à peine civilisés.

Des barres ferment l'embouchure des rivières et des ports, et rendent la navigation souvent impossible, toujours dangereuse; nul canal, nul chemin de fer ne lie les ports du Havre, de Marseille, de Cette, etc., aux villes intérieures; nous abandonnons à une destruction journalière et rapide les plus beaux établissements que d'anciens travaux et les positions les plus avantageuses devraient recommander à la sollicitude du gouvernement; et nous semblons réserver toutes nos ressources pour des entreprises nouvelles, gigantesques, de luxe, parcequ'elles offrent la chance glorieuse de vaincre des difficultés.

Quand nous ajouterions aux 20 millions dépensés à Cherbourg, 20 millions nouveaux, nous n'aurions encore qu'une fosse profonde, superbe sans doute, mais sans influence sur notre commerce maritime et intérieur et sur les destinées de notre marine royale.

Lorsque des découvertes importantes et récentes enrichissent le siècle actuel et commencent une ère nouvelle, pouvons-nous rester indifférents à la révolution qui s'opère dans la marine militaire, et offre la domination des mers, ou du moins l'indépendance, aux nations les plus instruites?

Déjà les fleuves d'Amérique, les mers de l'Atlantique, du Nord, sont sillonnés en tous sens par des bateaux à vapeur. Vingt bâtiments de cette espèce, de toutes dimensions, entrent chaque jour dans chaque port d'Angleterre et des Pays-Bas, et y trouvent des bassins à flot et des charbons apportés par de grands canaux. Nous semblons vouloir rester comme étrangers à ce changement, qui ôtera le commerce aux nations moins prévoyantes pour le donner aux plus actives.

Le gouvernement fait construire cinq bâtiments à vapeur, et en ordonnera bientôt dix; mais dans ce moment on en compte quatre-vingts dans les Pays-Bas, six cents en Angleterre, huit cents aux États-Unis, que le commerce emploie, et qui offrent à ces pays, en cas de guerre, des moyens d'attaque et de défense et des ressources inépuisables.

Les marins, les ingénieurs et les mécaniciens sont d'accord que pour le commerce de cabotage et des grands fleuves, et pour la défense des côtes, les vaisseaux à vapeur sont aussi supérieurs aux vaisseaux à voiles, que ceux-ci aux bâtiments à rames.

Mais telle est la puissance de l'habitude, et la funeste influence de notre organisation centrale, qu'il est difficile que ces vérités soient admises malgré les circonstances graves qui se pressent. On suppose encore que les vaisseaux à vapeur ne peuvent remplacer notre marine; que dans les combats les bâtiments à voiles sont préférables aux autres. Cependant il ne faut pas une grande connaissance de la mer pour se convaincre qu'un vaisseau à vapeur marchant directement contre le vent ne pourrait être atteint par vingt vaisseaux à voiles; il est donc plus libre de ses manœuvres, et ne peut redouter que des vaisseaux de même construction.

Ce qu'on n'a pas dit, et ce qu'il est important de faire connaître, c'est que des vaisseaux à vapeur donnent la possibilité de faire en tout temps des descentes, de fermer les ports en toute saison. Ainsi, en cas de guerre, nos marins n'auraient plus comme autrefois l'espoir de se confier aux tempêtes pour s'échapper des ports et faire des courses sur les côtes ennemies.

On prétend que, puisque l'Angleterre qui possède, dans chaque port, des ateliers de construction de machines et de bâtiments à vapeur, ne fait point établir une flotte militaire à vapeur, c'est une preuve que le problème n'est pas encore résolu, ou qu'elle juge les vaisseaux à voiles préférables. On en conclut qu'il est prudent d'attendre et de continuer les constructions des vaisseaux à voiles, jusqu'à ce que de nouvelles expériences aient décidé la question.

Mais l'Angleterre encourage autant qu'il est en son pouvoir l'emploi des bâtiments à vapeur ; elle confie, par cette heureuse prévoyance, l'exécution et l'entretien des travaux à des associations ; elle accorde une protection efficace au commerce ; elle donne une impulsion toujours croissante aux manufactures ; elle a su créer une bonne navigation intérieure en établissant des barrières sur les routes et en forçant les propriétaires à les administrer. Au moyen de communications nombreuses et faciles, le charbon et les matières premières sont transportés à bas prix ; les fabriques plus perfectionnées emploient des machines à vapeur et encouragent ces constructions ; une instruction plus répandue et plus parfaite des classes ouvrières contribue à donner aux machines plus de perfection et une supériorité toujours croissante. On a ouvert d'excellents ports ; dans chacun, on a établi des docks, des bassins à flot, et sur chaque rivière, des barrages, des écluses de dimensions assez fortes pour admettre des frégates à vapeur.

Ainsi, le gouvernement anglais a fait et continue de faire tout ce qui est en son pouvoir pour obtenir des bateaux à vapeur et sans dépenses publiques ; une flotte de ce genre existe et sera mise à la disposition de l'État à la première guerre.

Ainsi, beaucoup d'hommes habiles savent, les uns construire des vaisseaux, les autres les conduire ; partout, les ateliers et les magasins sont abondamment approvisionnés ; dans chaque port on compte des paquebots à vapeur qui servent aux transports des voyageurs et des marchandises d'un port à l'autre, et que dans un mois on peut transformer en bâtiments de guerre ; les hommes sont exercés, le matériel est prêt.

Toutefois, l'Angleterre doit éloigner l'emploi général de ce moyen d'attaque et de défense ; sa marine est la plus puissante ; tout changement peut compromettre sa position. En adoptant ouvertement les bâtiments à vapeur, les autres nations se hâteraient de l'imiter, et telle est la supériorité des vaisseaux à vapeur, qu'une révolution dans la marine porterait un coup mortel au commerce anglais ; mais elle se ménage par l'intervention du commerce une nombreuse flotte à vapeur et de nouveaux moyens de puissance, lorsque la France, loin de s'occuper de sa prospérité intérieure, ne manque aucune occasion de la compromettre.

L'établissement en France de bâtiments à vapeur

assez nombreux pour donner à notre commerce un rang convenable nous paraît bien difficile dans l'état actuel de notre administration et de la législation des travaux publics.

Il faudrait préalablement créer des ports avec bassins à flot, perfectionner les rivières, achever les canaux, faire prospérer l'agriculture et les manufactures par des lois de douanes meilleures, enfin instruire les ouvriers.

Presque tout ce qui a été entrepris jusqu'ici et les moyens même employés ne sont qué des obstacles à une restauration générale.

Pour faire une amélioration importante à un port, il faut le concours de trois ministères et l'accord presque impossible de leurs délégués ; aucun de ces ministères ne peut donner les fonds suffisants au service dont il est chargé ; mais chacun peut empêcher et empêche les autres d'agir ; les gouvernements de deux pays voisins s'entendent plus facilement que deux administrations françaises, rivales et presque toujours opposées.

Le gouvernement se réservant la propriété des rivières navigables et flottables, et ne pouvant les améliorer, la navigation est partout difficile, et ne s'étend pas jusqu'aux mines de charbon les plus abondantes ; le combustible n'arrive dans nos ports que surchargé de frais ; nouvel obstacle à l'établissement des bâtiments à vapeur.

Les bateaux à vapeur et les bâtiments fins ne trouvant pas de bassins à flot dans nos ports, ne se rendent qu'au Havre, à Bordeaux ou à Marseille ; nos autres ports sont déserts.

On donne aux ouvriers une instruction théorique très utile, mais il faudrait la rendre plus profitable en invitant les maîtres à répéter les leçons dans les ateliers, en accordant de grandes récompenses. Nous manquons d'ouvriers habiles, de mécaniciens exercés : nos manufacturiers n'obtenant de bonnes machines, des ouvriers instruits et des matières premières que très difficilement et à grands frais, fabriquent plus mal et plus chèrement, et sont ruinés par la concurrence. Les Anglais portent partout au dehors les mêmes produits à un prix inférieur, et nous repoussent des marchés étrangers.

En payant les réparations des routes, le gouvernement détourne le commerce des canaux et des rivières ; par diverses causes, la navigation est peu active ; nos ports, à l'exception de trois ou quatre, sont comme déserts ; les droits de tonnage ne produisent pas les frais d'entretien ; tous nos établissements ne présentent que des ruines.

On voit que dans l'organisation d'un État, tout se lie, et qu'une erreur ou une faute dans une branche de l'administration occasione des pertes dans toutes.

Nous proposons d'affranchir le gouvernement des soins qu'il ne peut remplir, et de charges onéreuses au public, en abandonnant aux associations, à l'intérêt local, la construction et l'entretien dès ports de commerce et des travaux publics. Par ces dispositions, qui ne touchent pas à la prérogative royale, et qui n'exigent du public aucun sacrifice, tous les intérêts généraux se trouveraient protégés; on lèverait les obstacles qui arrêtent le développement de l'industrie, on donnerait à la France les moyens de prospérité qui ont créé la puissance de la Grande-Bretagne.

Le ministère de la marine ne proposerait plus de dépenser 40 millions pour entreprendre des travaux incertains dans un port isolé et peu utile, et de laisser tomber en ruine beaucoup d'établissements anciens plus importants et plus nécessaires.

Le ministère de la guerre n'empêcherait plus les améliorations des ports et des canaux, sous le prétexte de l'exécution de projets de fortifications dans des villes basses commandées de toutes parts, et où ces ouvrages ne serviraient qu'à entraver davantage le commerce.

Le ministère de l'intérieur ne conserverait plus à sa charge les ports et les rivières navigables qu'il est nécessaire d'améliorer, et que son budget ne permet pas d'entretenir même dans l'état actuel de dégradation.

On donnerait aux villes les ports et les produits du tonnage, des priviléges très grands, les mêmes pour toutes, à charge par elles d'établir des écluses, des bassins à flot, des jetées et les ouvrages nécessaires; de maintenir ces ouvrages en bon état, et d'entretenir un certain nombre de bâtiments à vapeur de grandes dimensions; on créerait ainsi sans dépenses de l'État, de bons ponts, des bâtiments, un plus grand commerce étranger, et tous les moyens de défendre nos côtes et de faire craindre à nos voisins une nouvelle guerre maritime.

En concédant en même temps à des associations la navigation des rivières à perfectionner, les canaux et les routes neuves à ouvrir, et aux localités l'entretien des routes avec droits de barrières, on obtiendra tout à la fois d'excellentes routes, une navigation étendue et régulière, de bons ports, une grande réduction dans les frais de transports, un accroissement extraordinaire de commerce et une prospérité générale, maintenant impossible avec notre système d'administration. Ni les plus grands sacrifices du trésor; ni de nouveaux emprunts de 4 à 500 millions pour les canaux et les ports, ne donneraient les mêmes résultats; car, au premier embarras des finances, à la première guerre, les travaux d'entretien seraient négligés, et le pays retomberait dans l'état actuel d'abandon et de détresse.

Au moyen de ces améliorations faciles à obtenir, le charbon de terre et toutes les matières premières arriveraient à bas prix aux villes de fabrique et aux ports; notre commerce maritime, très florissant, offrirait à la marine royale, en cas de guerre, plus de vaisseaux et d'hommes exercés qu'elle n'en obtiendrait en ruinant le commerce et l'agriculture par un budget extraordinaire de cent millions de plus par an, et par des levées nombreuses de marins pères de familles, nécessaires aux vaisseaux marchands. Le ministère de la marine ne demandera des marins que pendant la guerre et lorsque le commerce ne peut les occuper.

Le commerce a fourni à la marine royale les hommes et les moyens de réaliser les plus grandes entreprises ; c'est au commerce que l'on doit la conquête de plusieurs colonies ; c'est lui qui fit les frais des entreprises de Duguay-Trouin et des plus brillantes expéditions de notre marine. Pour obtenir son utile intervention, il faut donc le favoriser pendant la paix, lui laisser ses capitaux et ses marins, et éviter les guerres inutiles, parcequ'une guerre enlèverait à la France, en quelques mois, trois cents millions et un brillant avenir aussi prochain que certain. Une plus grande liberté laissée aux négociants des ports procurera de grandes richesses privées et publiques ; cette concession est commandée par notre institution fondamentale et par un budget d'un milliard qui impose à la France l'obligation d'être commerçante ou libre.

DES COURS D'EAU

NON NAVIGABLES NI FLOTTABLES.

Les rivières navigables et flottables appartenant à l'État, le gouvernement a le droit de déterminer les règlements relatifs aux usines établies ou à établir sur ces rivières. Il a confié l'administration de la navigation et des usines au Ministère de l'Intérieur, et n'a laissé aux tribunaux que les décisions sur les questions de propriété. Ce partage d'attributions est facile à justifier.

La plupart des affaires d'usines exigent des plans, des nivellements, et des évaluations de chute, de volume d'eau et de puissances hydrauliques. La connaissance des contestations sur les cours d'eau a dû être donnée aux fonctionnaires chargés du service de la navigation qui ont fait une étude spéciale de l'hydraulique. Les tribunaux ne jugeraient des procès d'usines que sur le dire de leurs experts, qui ne sauraient résoudre les difficultés souvent les plus ardues de la mécanique. Mais l'examen des titres et les discussions des droits de propriété rentrent nécessairement dans les attributions des tribunaux. Ces dispositions législatives sur les cours d'eau navigables ou flottables doivent être maintenues.

En les modifiant, en donnant aux tribunaux la

connaissance des questions hydrauliques, et à l'administration de l'intérieur le jugement des affaires de propriété, on tomberait dans une égale confusion. Seulement il est à souhaiter que les contestations soient d'abord soumises à un jury composé des principaux propriétaires de canton, et renvoyées ensuite au juge de paix et aux autorités supérieures.

Si le gouvernement concède, ainsi qu'on le suppose, les rivières navigables et flottables à des compagnies chargées de faire les améliorations prescrites, ces associations auront à soumettre les affaires litigieuses intentées par les propriétaires de terres ou d'usines aux autorités compétentes. Tout rentrera dans le droit commun, et on ne reprochera plus à l'administration d'être juge et partie. Nouvel avantage d'une pareille décision.

L'administration se réserve également le droit d'accorder ou de refuser, après des enquêtes publiques et préalables, l'autorisation d'établir des usines sur les cours d'eau non navigables ni flottables ; cette mesure est justifiée par les considérations d'intérêts publics et particuliers que pourraient compromettre des barrages et autres constructions. Mais aucune loi ancienne et nouvelle ne donne à l'État la propriété des chutes des rivières non flottables ; seulement il est maître de disposer d'une partie des eaux de ces rivières pour alimenter des canaux navigables, des fon-

l.

taines publiques, et dessécher des marais, après avoir payé la moins-value des usines, mais sans indemniser les propriétaires riverains des chutes ou des pentes et du volume d'eau non employés.

L'usage et la raison, dans le silence des lois , semblent établir en principe que l'administration peut disposer des eaux non employées au service des usines, et que les riverains sont seuls propriétaires des chutes d'eau ou des pentes dans la traversée de leurs propriétés.

Changer ces dispositions en refusant à l'administration l'usage pour un intérêt public des eaux non employées à des usines, et aux riverains les droits de chute sur leurs terres, ce serait compromettre l'industrie particulière et la prospérité de la France.

Les principes de la législation actuelle des rivières non flottables ont été attaqués et défendus l'année dernière à la Chambre des pairs. Un honorable membre, après avoir montré les inconvénients de règlements arbitraires et de leur application, soutenait que le volume d'eau d'un ruisseau appartient à chaque propriétaire des terrains, et que l'administration ne peut en disposer, même dans un intérêt public, sans indemniser les riverains. Une telle disposition, qu'aucune loi n'établit, empêcherait d'ouvrir des canaux de navigation, d'irrigation et de dessèchement, tout travail de cette nature donnerait lieu à plusieurs milliers de procès, à des dépenses et à des retards qui ruineraient les associations. La puissance d'un gouvernement représentatif ne vient que du sacrifice continuel de l'intérêt de chacun à l'avantage de tous. La mesure proposée aurait un caractère contraire en soumettant le gouvernement aux prétentions de chaque riverain. Si la loi consacrait ce principe, il faudrait se hâter de la rendre d'une application facile, en fixant d'avance et d'une manière invariable les indemnités à payer; les droits des propriétaires seraient respectés, et les prétentions injustes se trouveraient écartées. Mais la législation d'aucun peuple ne prive le gouvernement du droit de disposer des eaux non flottables, lorsqu'elles ne sont pas utilement employées.

La seconde proposition de l'honorable pair paraît au contraire aussi utile que juste. Le riverain d'une rivière non flottable est seul propriétaire de la chute dans la traversée de sa propriété. En effet, il a droit, par le code, d'établir des barrages, de détourner les eaux, de les employer à des irrigations, à la condition de ne pas les faire refluer sur les propriétés supérieures, et de les rendre aux propriétés inférieures. L'administration ne peut donc contester à un propriétaire riverain le droit d'établir une usine à côté d'un barrage, s'il remplit les conditions prescrites par le code.

Mais, après la construction sans contrôle des barrages et des usines, les propriétaires supérieurs ne sauraient faire exactement constater l'ancien état des lieux, et évaluer les pertes causées par les changements. Il est donc du devoir de l'administration de prévenir les dommages et les procès, en ordonnant des enquêtes préalables, des plans, des nivellements, la pose des repères invariables, et des procès-verbaux de ces diverses opérations. Son intervention est nécessaire pour assurer l'ordre public et les droits des propriétaires; ainsi nulle usine n'est établie et ne doit l'être sur une rivière non flottable qu'après l'observation de ces mesures, et qu'en vertu d'un arrêté de l'administration, approuvé par une ordonnance royale.

Mais là doit s'arrêter l'intervention du gouvernement; s'il veut revendiquer et exercer le droit de propriété des chutes, en accordant à des tiers ou en refusant aux propriétaires les demandes d'usines, il fait naître des contestations et des procès interminables. On ne connaît pas un seul exemple où l'administration ait exigé une indemnité pour cession de chute sur une rivière non flottable; elle n'aurait donc aucun avantage à retirer de ces propriétés; tandis que la faculté d'en disposer à son gré, sans règle fixe, compromet la fortune de beaucoup de propriétaires.

En laissant au contraire la propriété des chutes ou des pentes aux riverains dans la traversée de leurs domaines, on prévient les contestations, les pertes et les entreprises hasardées. Il nous semble juste que le constructeur d'une usine, avant de commencer ses travaux, soit tenu de justifier à l'administration qu'il est possesseur de toute la pente de la rivière, ou comme propriétaire des terres riveraines, ou comme fondé de pouvoirs de ces propriétaires.

Une législation n'est point écrite dans nos codes, mais elle ressort évidemment de l'esprit de nos lois, et se trouve justifiée par l'expérience. C'est par elle seulement qu'on peut prévenir les pertes causées par les barrages trop élevés.

Lorsqu'une loi sera plus précise, l'établissement de nouvelles usines deviendra plus difficile, puisqu'un seul riverain d'une terre de quelques toises pourra s'y opposer. Mais il n'est plus de moulins de première nécessité à construire ; chaque pays en possède un assez grand nombre pour l'usage ordinaire ; et il en est peu dont on ne puisse doubler la puissance par un mécanisme plus parfait sans changer les chutes.

L'administration doit plutôt veiller à la protection des propriétaires riverains, qu'encourager des constructions d'usines non demandées par les habitants ; car une usine nouvelle sur un cours d'eau non flottable donne rarement au constructeur au-delà de l'intérêt ordinaire des capitaux employés, tandis qu'elle peut occasioner aux riverains et au pays de grands préjudices par les inondations et les maladies qu'elles causent. C'est aux usines dont les retenues ont été successivement relevées qu'il faut attribuer la plupart des marais de France.

D'après ces considérations et en raison du silence de la loi, il semble nécessaire de rédiger des articles réglémentaires établissant mieux les droits respectifs de l'administration, des constructeurs d'usines, et des propriétaires riverains des rivières non flottables.

Nous pensons que les formalités maintenant prescrites doivent être maintenues, qu'on doit exiger une instruction par des enquêtes préalables, des plans, nivellements et rapports rédigés ou vérifiés par un ingénieur des ponts et chaussées; et que nulle autorisation de construire une nouvelle usine ne doit être donnée qu'après la vérification des titres de propriété de la chute et le dépôt de ces pièces à la préfecture.

Lorsque ces formalités ayant été remplies, il ne s'élèverait aucune réclamation des propriétaires riverains, le préfet donnerait immédiatement l'autorisation de construire l'usine.

Mais en cas d'opposition des riverains, on se conformerait exactement à la marche maintenant établie; seulement, dans aucun cas, l'administration ne pourrait concéder aucune portion de la pente d'une rivière non flottable sans le consentement préalable et écrit des riverains.

Comme l'exécution stricte de cette disposition pourrait empêcher l'établissement d'une usine réclamée par une contrée, l'administration, pour concilier l'intérêt public avec les droits des particuliers, ordonnerait une expertise, et ferait régler

par des arbitres l'indemnité à payer au propriétaire opposant : cette expropriation n'aurait lieu
que pour cause d'utilité publique légalement
établie.

Les graves questions sur les cours d'eau non
flottables n'étant pas résolues par les lois, le gouvernement jugera sans doute nécessaire d'établir
une législation qui fixe invariablement les droits
des propriétaires. On réclame de toutes parts des
dispositions définitives sur cette matière.

DES TRAVAUX EXÉCUTÉS

PAR UN GOUVERNEMENT OU PAR DES COMPAGNIES,

ET DU CAHIER DES CHARGES.

La dépense d'un ouvrage peut varier d'un à douze, et les avantages restant les mêmes, l'intérêt du capital est, dans un cas, douze fois moindre que dans l'autre.

Mais les travaux faits légèrement demandant plus de soins, il pourrait arriver que l'ouvrage d'abord le moins cher devînt à la longue le plus coûteux s'il était négligé.

Un entretien soigné, journalier, est toujours un puissant moyen d'économie ou de bénéfice dans les entreprises.

Lorsqu'un gouvernement ordonne et paie les travaux, il exige souvent que les ouvrages contribuent à la célébrité d'un ministre, à la gloire d'un règne; il veut de préférence des ponts en pierres de taille, des canaux deux et trois fois trop larges, des chaussées épaisses. Mais les dépenses de l'État dépassant presque toujours les revenus, les fonds d'entretien sont insuffisants pendant la paix et retirés pendant la guerre. Ainsi un gouvernement n'obtient pas de revenu des travaux même utiles, et presque toujours il est forcé d'avoir recours à des compagnies pour les achever et les entretenir après avoir perdu beaucoup de temps et d'argent à les commencer.

Les canaux de Bourgogne , du Nivernais , de Bretagne, de Monsieur, de la Somme, de Saint-Quentin , plusieurs fois entrepris par le gouverne-ment, abandonnés et repris, coûtent maintenant, par les intérêts composés, plus de 3oo millions, sans que le pays retire aucun avantage de ces sacri-fices.

Ces résultats ayant eu lieu en Angleterre, en Bel-gique comme en Espagne, etc., on peut dire que plus un gouvernement dépense en de semblables travaux, plus les contribuables perdent, puis-qu'on leur enlève les fonds nécessaires à l'exploi-tation du sol et des fabriques pour donner aux impôts un emploi sans revenu et sans avantages publics.

Une compagnie qui veut entreprendre un ou-vrage à ses frais et périls, estime d'abord les dé-penses et les recettes, les chances d'augmentation dans les frais, de diminution dans les produits, la perte d'intérêt pendant l'exécution, les frais d'en-tretien ; si les revenus nets probables ne dépassent point l'intérêt ordinaire des capitaux, elle renonce à ces spéculations, toujours hasardeuses ; si elle juge avantageux de se rendre concessionnaire , elle prend ses mesures pour terminer son entre-prise dans le plus court délai et aux moindres frais.

Les compagnies, plus prévoyantes et plus éco-nomes que les gouvernements , plus puissantes que les particuliers, savent achever, entretenir et retirer de grands bénéfices de travaux onéreux à ceux-ci. Elles confient leurs intérêts aux ingénieurs les plus expérimentés, aux associés les plus habiles. Chaque administrateur est remplacé par le souscripteur le plus capable. Ainsi les accidents, la mort même de quelques intéressés, loin de compromettre la société, la rendent souvent plus puissante.

L'État et le public ont donc un égal intérêt à confier les grandes entreprises aux associations. Mais le gouvernement, en prescrivant un cahier des charges inutilement offensif, en menaçant les compagnies de la confiscation des travaux, en cas de retard ; en les livrant à l'exigence des propriétaires, des communes et des tribunaux, en se réservant le droit de modifier les projets, de contrôler les travaux, de les suspendre arbitrairement, repousse la plupart des propriétaires honorables et prudents, empêche les ouvrages les plus nécessaires, et compromet le sort des compagnies déjà concessionnaires de plusieurs ouvrages.

Il ne suffirait point de modifier le cahier des charges des concessions, il paraît nécessaire de le changer et de choisir entre deux systèmes contraires. Il faut renoncer aux associations, c'est-à-dire aux améliorations et à toute prospérité, ou laisser aux compagnies le droit de choisir les entreprises et de modifier sans contrôle les détails des projets; l'administration seulement doit prescrire les formalités à remplir, constater l'utilité publique des ouvrages, exiger les garanties fixées d'avance par des règlements, et faire approuver ensuite par des projets d'ordonnance ou de loi les soumissions des compagnies.

Lorsque le gouvernement n'a pas entrepris les premiers travaux, ni même ordonné à ses frais les études des projets, le système adopté, plus injuste encore, compromet ou repousse les associations. En effet, lorsqu'on accorde à une compagnie, par une ordonnance royale, l'autorisation d'étudier et de dresser un projet à ses frais, on ne lui assure d'indemnité que dans le cas où il est adopté, et le gouvernement se réserve le droit de les fixer et de donner l'entreprise à toute autre compagnie, sans même exiger l'acquittement de toutes les avances de la première.

On voit, par les comptes des canaux, publiés chaque année, qu'il en coûte 2 et 300 mille francs pour dresser un projet régulier d'un grand canal; il faut donc qu'une compagnie dépense cette somme, qu'elle fasse l'étude de plusieurs canaux avant d'en trouver un assez avantageux, qu'elle dépense ainsi 4 à 500 mille francs, et lorsque sa tâche est accomplie, l'État peut ajourner indéfiniment l'entreprise, ruiner les actionnaires, ou bien concéder l'ouvrage à une autre compagnie qui, sans dépenses, sans chances, viendrait, à l'adjudication, faire un faible rabais.

Sous l'empire d'une telle législation, des améliorations générales, nous paraissent impossibles. Les dispositions actuelles sont des obstacles insurmontables qui repoussent les associations, empêchent l'exécution des travaux les plus nécessaires, et compromettent la prospérité de l'État.

Nous devons de nouveau déclarer que M. le directeur général des ponts et chaussées a toujours montré le meilleur esprit en appelant de ses vœux et de ses efforts l'intervention des compagnies; et c'est à son zèle éclairé que l'on doit le succès des travaux exécutés depuis dix ans. Mais telle est la puissance des habitudes, des résistances, surtout de l'administration militaire, que les efforts de M. Becquey, conformes aux principes du gouvernement représentatif, ont été paralysés par des oppositions de plus en plus puissantes.

Il nous semble indispensable de faire connaître aux propriétaires et aux capitalistes que le gouvernement est décidé à accorder à perpétuité la concession des travaux de perfectionnement des rivières, de canaux de navigation, de dessèchement, d'irrigation, des ponts, etc., aux compagnies qui, après avoir montré l'utilité des ouvrages par le vote du pays, produiraient des projets réguliers dressés par un ingénieur, et donneraient les garanties prescrites par des règlements.

La question relative à la concurrence pourrait être résolue en France comme en Angleterre; la compagnie soumissionnaire devrait admettre aux mêmes conditions les propriétaires des cantons traversés par le canal ou par la route à ouvrir. On éviterait par là les discussions entre les compagnies rivales et le danger de repousser les associations qui ne trouvent aucune garantie dans la législation actuelle.

Le tarif des droits pourrait être fixé d'avance comme *maximum* et d'une manière uniforme pour le royaume. Si une communication donnait de très grands bénéfices, la compagnie baisserait son tarif ; dans le cas contraire, d'autres compagnies entreprendraient d'autres ouvrages en concurrence avec les premiers. Les intérêts du pays sont donc garantis par la liberté de faire d'autres travaux analogues, faciles ou possibles, dans toutes les circonstances.

Le gouvernement ne peut sans de graves inconvénients se réserver le droit de modifier un projet qu'une compagnie offre d'exécuter à ses frais et périls. Il faut des années pour étudier les lieux, et combiner les détails d'une entreprise. Des changements en apparence légers la rendent souvent difficile ou ruineuse, et obligent l'État, sans chances d'avantages, à se rendre responsable des pertes.

Un pareil contrôle empêche aussi l'essai de découvertes importantes et s'oppose à tout perfectionnement.

Dans beaucoup de cas on ne peut entreprendre un ouvrage qu'avec de faibles dimensions, de mauvais matériaux, et une économie mesquine commandée par les localités ; ordonner des matériaux meilleurs, des dimensions plus grandes, des travaux d'art plus solides et plus nombreux, c'est rendre l'entreprise ou impossible ou préjudiciable aux actionnaires.

On voudrait que le gouvernement fût difficile, ombrageux, qu'il se réservât le pouvoir discrétionnaire de réduire les bénéfices des compagnies exécutantes, au lieu d'encourager leurs efforts comme le seul moyen d'accroître la prospérité publique.

Sur dix entreprises, une seule est très profitable ; si on ôte les chances avantageuses, on éloigne les associations, nulle amélioration de l'état présent n'est possible. Tous les projets utiles sont nécessaires, et on ne saurait trop en hâter l'exécution ; mais ce n'est qu'après l'achèvement d'un travail qu'on peut souvent juger de ses résultats ; le retarder dans le doute et par la crainte de grands avantages, c'est tout empêcher. En accordant une grande liberté aux associations, quelques unes sans doute compromettront leurs capitaux ; mais beaucoup d'autres exécuteront rapidement des améliorations indispensables. Les réserves, les modifications, les retards quelquefois utiles, étant cent fois plus funestes, tout semble conseiller de laisser une grande latitude aux compagnies et d'appeler leur intervention par des encouragements et des distinctions.

Il est surtout nécessaire, sous le point de vue de l'art, de laisser une liberté absolue de régler les détails. Quels que soient l'expérience et les talents d'un ingénieur, auteur d'un projet, il ne saurait en le dressant prévoir mille circonstances extraordinaires qui obligent de modifier les dispositions, les emplacements, les dimensions des ouvrages; il faut donc qu'il ait le pouvoir de décider et d'exécuter sur-le-champ les changements à faire; tout contrôle ou toute discussion occasionerait des retards, des dépenses, et compromettrait le succès.

Puisqu'on reconnaît l'utilité des compagnies exécutantes, on doit rendre leur intervention possible, en renonçant à la nomination de surveillants, aux inconvénients de l'ancien système, à toute intervention, soit directe, soit indirecte, de l'administration, lorsque l'État n'accorde pas une partie des fonds à dépenser.

S'il y avait concurrence entre plusieurs compagnies pour un même ouvrage, le gouvernement ferait examiner les diverses propositions, donnerait la préférence à l'entreprise la plus judicieuse, et ferait payer par les concessionnaires des indemnités aux auteurs du projet.

Mais on peut éviter cette concurrence en admettant la marche suivie en Angleterre, ainsi que nous l'avons proposé. Les propriétaires qui ont reconnu un ouvrage utile appellent des souscripteurs, les admettent tous, et se forment en société; ils nomment des commissaires, qui dirigent avec les ingénieurs de leur choix les tracés

et l'exécution des ouvrages ; le parlement n'intervient que pour remplir les formalités prescrites,
entendre les opposants, approuver la demande
par un acte. Le gouvernement français ayant les
pouvoirs administratifs du parlement anglais,
peut, en moins de temps et à moindres frais,
concéder les entreprises par des ordonnances, la
loi de finances autorisant chaque année l'administration à établir des droits de péage pour concourir à la construction ou à la réparation des
ponts, écluses, ou ouvrages d'art.

POLICE DU ROULAGE.

Depuis quatorze ans, la plupart des gouvernements d'Europe s'occupent avec persévérance des
moyens de multiplier, de perfectionner et de
conserver les grands chemins. On a jugé partout
qu'il fallait réduire le maximum de chargement,
et le faire descendre au-dessous de la résistance
des matériaux. Il a été fixé en Angleterre, à dater
du 1er janvier 1826, en été à 6 tonnes 1/2 par
chariot à quatre roues, et en hiver à 6 tonnes
et 3 tonnes; ainsi chaque roue ne peut peser avec
la charge au-delà d'une tonne 62 centièmes
en été.

Dans le canton de Bâle, une ordonnance de
police de 1823 règle le maximum à 70 quintaux,
avec jantes de 6 pouces de largeur, et dans le
canton de Fribourg, le maximum est de 120
quintaux avec jantes de 7 pouces.

Des mesures analogues ont été prises dans les
autres états d'Allemagne. La France seule reste fort
en arrière des autres peuples, et persiste à conserver un système de roulage qui cause la destruction des chaussées les mieux établies.

Le poids toléré par le règlement pour chaque
roue est trois ou quatre fois plus élevé que la
résistance de la plus grande partie des cailloutis
employés à recharger les routes; ainsi les pierres

m.

sont broyées, mises en poussière et entraînées par le vent et les pluies. En admettant même que la charge ne dépasse jamais le tarif fixé, on ne pourrait encore maintenir les chaussées en bon état, même en augmentant de beaucoup les allocations.

Avant de s'occuper de restaurer, terminer et compléter les grandes routes du royaume, il est indispensable de faire descendre le maximum des charges au-dessous de la résistance moyenne des matériaux; on réduira beaucoup par cette mesure les dépenses à faire pour mettre et maintenir en bon état les chaussées.

On conçoit qu'une chaussée destinée à supporter un roulage de 13 tonneaux par chariot doit être deux, trois et quatre fois plus épaisse et plus solide que si le poids des voitures ne pouvait dépasser 6, 4 et 3 tonneaux.

La question du maximum du chargement est donc la plus importante de toutes, et c'est aussi la première à poser et à résoudre, la plupart des autres dépendant de celle-ci.

Le maximum qu nous avons proposé de fixer en France, comme en Angleterre, à 6 tonneaux 1/2 en été pour les chariots, et à 3 tonneaux 1/2 pour les charrettes, semble satisfaire à toutes les conditions.

Le prix de transport ne sera pas augmenté, car la plupart des roulages se font maintenant avec des voitures de un, deux et trois chevaux qui ont une charge moindre, et pour les prix payés pour les transports avec les plus grosses voitures.

Les matériaux de mauvaise qualité seront les seuls broyés par les voitures de 1 tonne 1/2 par roue; les pierres dures résisteront à leur poids, et ne seront qu'enfoncées, écornées ou déplacées. Il en coûtera beaucoup moins de frais de réparation, et les chaussées ne seront plus sillonnées d'ornières profondes et dangereuses.

Nous avons fixé les droits de barrière en raison progressive des chargements ; ainsi, cinq chariots comtois portant six tonneaux sur vingt roues, ou trois cents kilogrammes par roue, causant moins de dommages qu'un seul chariot avec charge de 6 tonneaux ou d'un tonneau 1/2 par roue, doivent être moins taxés.

On pretend que la réduction des chargements serait impolitique, impopulaire ; que le commerce de transit et les fabriques en souffriraient. Nous pouvons assurer que ce changement est vivement réclamé et impatiemment attendu par les commissionnaires de roulage. Le commissaire désigné par ceux de Paris a demandé en leur nom que le nombre des chevaux fût invariablement limité à quatre pour chariot à quatre roues, et à deux pour les charrettes, ce qui reviendrait à fixer le maximum de la charge à environ 6 tonneaux 1/2 pour chariot à quatre roues, ou à 5 tonneaux 1/2 pour les charrettes à deux roues.

Pour éviter les pertes que causerait un prompt changement, on propose de réduire le maximum d'année en année, et d'assigner au 1ᵉʳ janvier 1833 le dernier terme de la tolérance. Ainsi au 1er janvier 1830, le maximum serait fixé à 9 tonneaux pour les chariots, et à 6 pour les charrettes ; au 1er janvier 1831 à 8 et 5 ; au 1er janvier 1833 à 6 et 3.

Pendant ce long délai, les voituriers useraient leurs roues et les remplaceraient par d'autres moins lourdes et à jantes moins larges.

On avait supposé qu'on pouvait indéfiniment augmenter les chargements en élargissant les jantes ; mais l'expérience a fait connaître que des jantes très larges d'une voiture très chargée, ne portant que sur les angles, ne s'appliquant jamais sur la chaussée convexe, dégradent beaucoup plus que des jantes plus étroites également chargées ; aussi dans plusieurs comtés d'Angleterre, et dans quelques états d'Allemagne, on fait supporter un droit de barrière plus élevé en raison de la largeur des jantes au-delà d'une limite. Ces exceptions sont d'ailleurs justifiées par la nature des matériaux moins durs, qui sont plutôt réduits en poussière par des jantes trop larges.

Plusieurs moyens ont été employés pour déterminer le poids des charges et prévenir les excès. En Belgique, on pèse les voitures et on cube les marchandises pour calculer le poids d'après leur pesanteur spécifique. En Angleterre on a multiplié les ponts à bascule qui se contrôlent, et on a réglé les droits à payer au-delà du maximum ; ailleurs on a fixé le nombre des chevaux.

L'établissement des barrières et d'un pont à

bascule à chacune peut seul donner les moyens de constater exactement les poids, et de déterminer les droits en raison des dégâts; parceque le préposé et le percepteur, mus par des intérêts contraires, se contrôlent, préviennent les fraudes et les surcharges.

Nous avons pensé qu'il était nécessaire d'augmenter le nombre des ponts à bascule et d'en simplifier les formes, en supprimant les vis d'une manœuvre longue et d'un entretien très coûteux.

En augmentant de 3oo les ponts établis, on obtiendrait par une dépense de 3 millions une économie annuelle de plusieurs millions sur l'entretien des chaussées.

Ces ponts étant établis sur les grandes communications, il faudrait déplacer fréquemment les employés, et exiger leur visa sur les lettres de voiture, afin de s'assurer de la visite et des contraventions. Ces mesures, loin de gêner le commerce, sont demandées par les commissionnaires de roulage eux-mêmes.

A ces précautions on peut ajouter la fixation du nombre de chevaux, et le métrage des matières sur un point quelconque de la route par un employé des ponts et chaussées. La crainte d'être pris en défaut sur toute la route empêcherait les voituriers de s'exposer à des amendes considérables.

D'après ce qui précède, nous demandons qu'en hiver le maximum des chargements soit fixé à 6 tonneaux pour les chariots à quatre roues, et à 3 tonneaux pour les charrettes à deux roues ; qu'on ne puisse atteler que quatre chevaux aux voitures à quatre roues , et deux chevaux aux voitures à deux roues ; et qu'on établisse des ponts à bascule à des distances plus rapprochées et près des barrières, pour que le percepteur des droits et le préposé au pont puissent se contrôler journellement.

Nous demandons également que l'extrémité de l'essieu ne dépasse jamais le plan de la roue.

———

DES COMMISSAIRES DE CANTON.

Deux générations partagent la France, l'une préoccupée de souvenirs, craint le retour des révolutions par des changements, et les repousse; l'autre, pleine d'espérance, impatiente de repos, demande des améliorations, de l'occupation; le temps décide et force de donner les institutions réclamées et promises.

Sous l'influence de la liberté de tout contrôler, dans un état où l'inaction seule est garantie du blâme, le gouvernement est obligé d'appeler le public aux affaires; car, malgré le zèle et les talents de ses agents, la perfection étant impossible, la critique serait toujours amère. Il est donc de l'intérêt du gouvernement, comme dans l'esprit de la loi fondamentale, de confier au public le soin des améliorations locales. Personne n'aura le droit de se plaindre d'un service, lorsque tout le monde en sera chargé.

D'après ces observations, nous avons proposé de désigner dans chaque canton des commissaires choisis parmi les cent plus imposés, et de les charger de la direction des travaux. Cette organisation cantonale pouvant résoudre les questions municipales maintenant débattues, nous croyons devoir rappeler dans un article ce que nous avons dit de leurs attributions et des avantages de leur concours.

Divers décrets et lois sur l'entretien des routes départementales et vicinales chargent des commissaires voyers de surveiller les travaux ; mais l'expérience justifiant lés conjectures a montré qu'on ne peut attendre une intervention efficace, une action de tous les instants d'un propriétaire à plus de deux lieues de sa résidence.

Il faut augmenter le nombre des voyers, et réduire les limites de l'inspection, afin de concilier le bien du service avec les habitudes et les intérêts des commissaires. Il faut les choisir parmi les propriétaires résidants, et en exclure les agents des propriétaires absents et les journaliers, qui ne portent souvent les uns et les autres qu'un faible intérêt aux améliorations publiques.

Des propriétaires aisés, fixés dans le canton, pour la plupart éclairés, seront très empressés de remplir des fonctions gratuites. La loi peut donc leur confier l'administration des travaux qui les intéressent d'ailleurs particulièrement.

Ces commissaires, chargés de percevoir et de payer sans frais 20 centimes des contributions directes du canton, désigneront entre eux un caissier, un payeur, et des commissaires particuliers pour la surveillance de la portion de route la plus rapprochée de la résidence qu'ils sont appelés à parcourir chaque jour pour leurs affaires ou pour leurs plaisirs.

Mais la loi ne se bornera pas à demander aux propriétaires les services gratuits de voyer ; elle leur en imposera l'obligation, et punira chaque absence aux assemblées générales par des amendes à dépenser en frais d'entretien des chaussées.

Les contribuables, ainsi chargés de diriger l'emploi de leurs propres fonds à des améliorations publiques plus utiles à eux qu'à tout autre, seront très intéressés à bien régler les dépenses, à faire réparer avec soin des dégradations, et à prévenir la demande, pour ce service, d'impôts extraordinaires dont ils paieraient leur quote-part. Habitués à suivre les ouvriers qu'ils emploient aux travaux d'agriculture ou d'agrément, ils donneront avec plaisir plusieurs heures à la restauration d'une route sans laquelle leur demeure serait presque inaccessible une partie de l'année.

Beaucoup de propriétaires de canton, vivant maintenant isolés, sans fonctions, sans influence, sans motif d'étudier les améliorations, ignorent sans doute les meilleures méthodes de construction et d'entretien des routes ; mais les ouvrages qu'ils seront appelés à diriger, avec le concours des ingénieurs exercés, les rendront en quelques mois en état de bien remplir les fonctions de commissaires. Il n'est peut-être pas un seul canton où l'on ne puisse réunir en assez grand nombre des propriétaires intelligents pour devenir de bons voyers, après une expérience d'une année.

clxxx

Quelques personnes repousseront peut-être une organisation cantonale, qui prescrit des charges personnelles, un service pénible sans chances de célébrité, sans acception de personnes ; qui impose des devoirs sans donner des droits et du pouvoir.

Mais un gouvernement libre ne se conserve et ne procure une si grande somme de richesses et de puissance que par le concours forcé des habitants aux affaires publiques, et par des sacrifices de tous les jours et de tous les intérêts. Il ne convient donc qu'à un peuple généreux, dévoué au prince et aux institutions, et soumis à des lois sévères.

On dira sans doute aussi que cette législation n'établit pas le patronage utile des grands propriétaires d'Angleterre, que les commissaires voyers sont trop nombreux, et la plupart hors d'état de remplir la tâche exigée.

Une institution toute semblable existe en Angleterre, où les personnages les plus illustres s'acquittent avec zèle de la mission qui leur est confiée. C'est à cette administration d'une pareille étendue que ce royaume doit ses belles routes, ses chemins en fer, ses canaux et toutes ses améliorations. Sans l'intervention des commissaires comme arbitres pour le règlement des indemnités, et la protection des associations pour l'ouverture des canaux et des routes, aucune entreprise publique ne serait possible. Cette organisa-

tion, loin de détruire l'influence des grands propriétaires, sert à l'établir, à la rendre profitable
à l'État, à développer leur zèle et leurs talents,
à former des associations nombreuses, vigilantes,
jamais hostiles contre le gouvernement. L'extrême
division rendrait d'ailleurs toute opposition sans
danger, et une occupation de tous les jours préviendrait les inconvénients du repos.

Maintenant, la source du mal qui travaille la
France vient d'un isolement complet de commune
à commune, et des habitants entre eux, et de l'oisiveté forcée d'une grande partie de la population.
La main du gouvernement n'apparaît dans les campagnes délaissées que pour demander des hommes
et des impôts. La moitié du royaume est comme
oubliée et sacrifiée à l'autre moitié.

Par l'organisation des commissaires de canton,
on affranchirait les préfets et l'administration
d'une tâche difficile; on préviendrait des débats
animés et d'un résultat incertain sur l'institution
municipale alors peu importante; on assurerait
au pays de bonnes communications sans lesquelles nulle prospérité n'est possible; on formerait
des principaux propriétaires de canton une association vigilante, forte, uniquement occupée des
améliorations publiques, et empressée de seconder le gouvernement, et de le faire aimer de
toutes les classes. Plus l'organisation cantonale
est favorable, plus l'autorité centrale d'un conseil général peut amener de perturbation.

OBSTACLES

APPORTÉS AUX TRAVAUX CIVILS
PAR L'ADMINISTRATION DE LA GUERRE.

———

Sous les règnes de Henri IV, Louis XIII et Louis XIV, pendant cette glorieuse période où l'on vit s'élever les travaux les plus grands et les plus utiles, il n'est pas d'exemple que des conflits entre les autorités civiles et militaires aient retardé l'exécution d'un seul de ces ouvrages. Les célèbres ingénieurs du XVIIe siècle, les Vauban surtout, attachaient autant d'honneur à dresser des projets de perfectionnement de canaux, qu'à construire des places ou à détruire celles de l'ennemi. Ce ne fut qu'un demi-siècle après le règne de Louis XIV que les administrations civiles et militaires concentrèrent les pouvoirs et élevèrent des conflits qui chaque année deviennent plus nombreux, plus compliqués, et compromettent davantage la prospérité publique.

Les canaux ne procurent de revenus que lorsqu'ils se lient, se prolongent jusqu'aux ports; mais pour y arriver, il faut traverser la nouvelle zone militaire, qui comprend maintenant quarante départements, il faut entrer en discussion sur le tracé de chaque pont, de chaque écluse, avec les divers officiers qui commandent les arrondissements.

Les procès-verbaux de conférence rédigés pour chaque ouvrage conjointement par les ingénieurs civils et militaires, passent de grade en grade, s'accroissent de rapports, de propositions, arrivent modifiés aux conseils, comité, commissions, où l'on demande d'autres projets, ou de nombreux détails. Pendant ces délais, les ingénieurs, militaires surtout, changent de résidence, et sont remplacés par d'autres officiers qui présentent d'autres vues ; de nouveaux projets sont dressés, repassent par les mêmes filières, et reviennent de même sans solution, après plusieurs années d'attente. Pendant trente ans, on a discuté la traversée du canal de *Monsieur* à Besançon, du canal *du duc d'Angoulême* à Abbeville ; ces ouvrages sont achevés hors des places, et les retards apportés aux travaux de Besançon, d'Abbeville, etc., etc., occasionent une perte annuelle d'un million, l'État s'étant engagé à les faire terminer à une époque fixée et qui sera dépassée de plusieurs années.

Il en a été ainsi à Cherbourg, à Rochefort, au Havre, et sur tous les points du royaume. Les obstacles apportés aux travaux par l'administration de la guerre croissant d'année en année, il faut renoncer à toute entreprise, à toute amélioration, jusqu'à ce que les ordonnances contraires aux lois et aux intérêts du pays aient été rapportées.

Sous le gouvernement militaire impérial, le chef de l'État réglait lui-même les conflits entre les ministères. Les ponts et chaussées n'étaient tenus d'entrer en conférence que sur les ouvrages à ouvrir dans la zone militaire des places. Ainsi les inconvénients qui ont été signalés n'existent que depuis la restauration et par de nouvelles dispositions qui rendent désormais comme impossibles la plupart des ouvrages publics; car il faut considérer comme un prodige l'accord parfait entre tant de personnes ayant chacune des idées particulières sur chaque projet.

Cependant nous avons fait voir qu'on ne peut espérer de prospérité en agriculture et en manufactures que par une bonne navigation intérieure, et par l'influence des grands travaux qui doivent la créer; il faut donc ou lever les obstacles apportés aux améliorations, ou réduire les impôts qu'on ne pourrait payer long-temps sans une bonne navigation et sans de nombreux ouvrages.

Rapporter les lois et ordonnances sur les travaux mixtes, est la plus importante modification à faire à la législation des travaux.

Antérieurement à l'ordonnance de 1776 concernant le corps du génie militaire, les canaux étaient exécutés aux frais des compagnies, des provinces ou des villes; l'État se bornait à donner une partie des fonds, à titre d'encouragement, mais sans intervenir dans la direction des travaux; les ingénieurs militaires exécutaient les ouvrages dans le rayon de la place, pour les coordonner avec le système de défense.

L'ordonnance de 1776 porte, article 26 : « En-
» tend Sa Majesté, qu'il ne sera fait à l'avenir, dans
» les provinces frontières, aucune construction
» d'ouvrage, soit par l'administration des pro-
» vinces et des villes, soit par les ingénieurs des
» ponts et chaussées ; soit que ces constructions
» soient relatives aux ports marchands, aux routes
» ou aux canaux, que les projets n'en aient été
» communiqués au secrétaire d'État ayant le dé-
» partement de la guerre. »

Loi du 10 juillet 1791 : suite du titre VI.

« Il sera formé un comité des fortifications, le-
» quel s'assemblera tous les ans près du ministre
» de la guerre, dans l'intervalle du 1er janvier
» au 1er d'avril, en sorte que les objets dont il
» devra s'occuper soient terminés à cette dernière
» époque.

Art. 5. » Lorsque le comité discutera des ques-
» tions qui embrassent le système général de la
» défense d'une ou de plusieurs places des fron-
» tières, le ministre pourra, s'il le croit utile, lui
» adjoindre des officiers généraux, supérieurs ou
» particuliers de la ligne, en tel nombre qu'il le
» croira convenable. »

Décret du 13 fructidor an XIII : « Il ne sera ou-
» vert aucune route nouvelle, aucun canal de na-
» vigation, aucun dessèchement nouveau dans
» l'étendue des départements qui forment les fron-
» tières, etc., sans que les projets en aient été
» communiqués au ministre de la guerre par celui

» de l'intérieur. Les préfets de département et
» les directeurs des fortifications et du génie mili-
» taire seront consultés ; l'inspecteur général du
» génie militaire et le comité des fortifications
» *donneront leur avis sur les projets, dans le délai*
» *de six mois au plus.*

Art. 7. »Hors le cas de siége ou d'attaque im-
» médiate, si le service d'une place de guerre com-
» prend des portions de navigation, ou un système
» d'inondation qui intéresserait l'agriculture, le
» préfet du département est autorisé à faire pré-
» parer par les ingénieurs des ponts et chaussées
» les plans des travaux ; il les communiquera au
» directeur du génie militaire, et pourra requérir
» de lui les mesures les plus favorables au com-
» merce et à l'agriculture, et rendra compte du
» tout au ministre de l'intérieur. »

Les ordonnances sur les travaux mixtes rendues depuis la restauration multiplient les formalités, retardent les décisions et empêchent l'exécution des ouvrages même les plus nécessaires ; elles for- cent les ingénieurs des deux services d'être sans cesse en conférence, quoique placés à de grandes distances et dans des départements différents. On propose de rapporter ces ordonnances comme contraires aux lois citées et en tout point inexé- cutables.

Les anciennes lois donnent au ministre de la guerre le droit d'examiner les projets, de demander des modifications, mais c'est sur lui seul que porte et que doit porter toute la responsabilité, lorsqu'il retarde l'ouverture d'une communication réclamée par un département, et sans laquelle toute prospérité est impossible.

Faire retomber cette responsabilité sur des commissions sans garantie ; substituer à des lois des ordonnances qui ôtent au pays toute intervention ; c'est rendre l'administration actuelle plus militaire, plus absolue que sous l'empire, c'est annuler le gouvernement représentatif dans ses applications les plus importantes.

Lorsqu'un nouveau projet demandé par le pays est présenté, s'il arrive, dans la longue série des juridictions à parcourir, qu'un seul homme ait une ferme résolution de s'y opposer, tout finit par céder à la résistance, malgré le nombre et les talents des personnes d'une opinion contraire.

Les meilleurs esprits, des officiers supérieurs du génie d'une haute capacité, de célèbres généraux de cette arme, des ministres eux-mêmes ont reconnu les graves inconvénients signalés par les votes des conseils généraux ; mais tels ont été les rapides progrès de la centralisation depuis quatorze ans, que tous les efforts tentés pour en combattre les obstacles n'ont servi qu'à les rendre plus puissants et presque insurmontables.

En vain essaierait-on de modifier les ordonnances, nulle amélioration n'est possible, nulle grande prospérité du commerce et de l'agriculture n'est à espérer, si on ne laisse pas aux autorités locales et aux associations la faculté d'ouvrir à leurs frais et périls les canaux et les chemins hors du rayon kilométrique des places ; toute participation de l'autorité militaire au-delà de ces limites repoussera les associations et suspendra les prospérités du royaume.

Puisque les lois donnent au ministre de la guerre le droit de prendre connaissance des projets nouveaux sur les frontières, les garanties désirables sont assurées ; mais les lois fixent à six mois le plus long terme des délibérations ; passé ce délai, le pays doit être autorisé à exécuter les ouvrages si un ordre du roi ne s'y oppose pas.

On conçoit que lorsqu'un ingénieur militaire juge nuisible à la défense un ouvrage entrepris près d'une place, il doit demander qu'on modifie ou qu'on empêche le projet ; mais lorsqu'il reconnaît l'utilité des travaux, pourquoi exposer le pays à des lenteurs inutiles ? Des retards prolongés font échouer les entreprises les mieux concertées ; mille exemples en font preuve.

D'après les observations précédentes, nous pensons qu'il faut revenir à l'exécution de la loi du 10 juillet 1791 ; rapporter les décrets et ordonnances sur les travaux mixtes ; il nous semble que les procès-verbaux de conférence tenue entre les ingénieurs des divers services retardent sans nécessité l'exécution des ouvrages, établissent des discussions, des rivalités entre des ingénieurs qui ont les mêmes intentions, et qui se voient, par ordre, forcés de se combattre. Les intérêts du pays se trouvent compromis par les obstacles qu'apportent d'inutiles discussions et la centralisation.

Lorsque le ministre de la guerre aura sans intermédiaire la responsabilité que lui donne la loi, il laissera aux officiers supérieurs résidant dans les départements le pouvoir d'autoriser les ouvrages jugés utiles par eux ; le ministre ne se réservera que la connaissance des grands projets, sur lesquels il prendra des renseignements immédiats et donnera un avis dans le délai fixé par la loi.

Sous l'empire des ordonnances actuelles relatives aux travaux mixtes, il est bien reconnu que les améliorations réclamées par les départements seront toujours ajournées ; rapporter toutes ces ordonnances est donc une mesure urgente que commandent les intérêts et les vœux du pays.

DES AFFICHES ET DES ENQUÊTES

POUR L'OUVERTURE D'UN CANAL OU D'UN CHEMIN.

Des lois et des règlements déterminent les formalités à remplir pour obtenir l'autorisation d'élever une fabrique, une usine, et fixe de plus longs délais lorsque le nouvel établissement peut nuire aux anciens par l'emploi des matières premières et du combustible.

Le maire de chaque commune des environs est tenu de faire apposer des affiches pendant plusieurs dimanches, de recevoir les déclarations et les oppositions, et de renvoyer à la préfecture le procès-verbal dressé, avec une déclaration que les affiches ont été mises, et que le dossier dont il donne l'inventaire comprend le dire verbal ou par écrit des habitants.

Les mêmes motifs commandant les mêmes précautions lorsqu'on ouvre un canal ou un chemin, on peut donc adopter pour les travaux la législation établie pour les usines à fer, qui exigent le plus de formalités et les enquêtes les plus étendues ; on aura satisfait par là à toutes les conditions de publicité et d'une instruction complète.

Cette législation est établie, bien connue, très claire et suffisante ; en créer une nouvelle ce serait appeler des difficultés, des discussions interminables, des retards, et compromettre le succès des entreprises.

Une pensée doit dominer le législateur et la législation ; il faut de nécessité ouvrir de grands ateliers, obtenir une bonne navigation, encourager l'intervention du public, et par cela même simplifier les formes et lever les obstacles, mais en donnant toutes les garanties désirables.

Examinons d'abord les principaux modes d'exécution des travaux utiles et productifs ; on peut les réduire à trois :

1° L'État prend à son compte les ouvrages et paie les dépenses sur les fonds du trésor ou par des emprunts.

2° Des compagnies formées de capitalistes et d'entrepreneurs, étrangers aux localités, exécutent une communication à leurs frais et périls, et ne comptent retirer un intérêt de leurs avances que par les recettes des péages autorisés.

3° Des associations composées de propriétaires du sol, des manufactures, usines, etc., dans les cantons traversés par le projet, font les frais d'un canal ou d'une route dans l'espoir de se rembourser en grande partie des fonds avancés par la plus-value de leurs propriétés.

Dans le premier cas, le gouvernement fait souvent une faute et même une injustice ; il porte les fonds généraux arbitrairement sur un point et dans l'intérêt d'une seule localité, il adopte de préférence les entreprises qui intéressent les grandes villes, et les fait exécuter avec luxe et sur de trop grandes dimensions. L'opinion maintenant plus éclairée et la situation des finances font présumer que l'État n'ordonnera plus à son compte des ouvrages neufs, tels que canaux, routes, ponts, etc., etc.

Ce n'est aussi que par exception et dans des circonstances très rares qu'une compagnie de spéculateurs retire un intérêt ordinaire des capitaux employés à un chemin ou à un canal entièrement neuf, lorsque l'État et le pays ne font pas le sacrifice d'une grande partie des dépenses, parcequ'il est presque impossible de mettre à exécution la loi juste mais incomplète (1) qui autorise le prélèvement d'une portion de la plus-value des contrées traversées.

Dans ces deux cas, et sous l'empire de cette dernière circonstance, les fonds du trésor ou des actionnaires ne pouvant rendre en général que de très faibles intérêts, le gouvernement doit prévenir les pertes par des enquêtes étendues et prolongées, en ordonnant les formalités prescrites pour les usines, en appelant même plus de lumières par l'annonce dans les journaux des propositions des compagnies. Comme les concessions ne sont données que par des lois ou des ordonnances, l'instruction préalable sur chaque projet

(1) M. le maréchal de Vauban avait présenté un système équitable, lumineux, inconnu probablement aux rédacteurs de la loi.

fournira toujours les documents nécessaires à l'administration et au public, et empêchera l'exécution des entreprises peu utiles ou ruineuses. Mais ces formalités sont plus que suffisantes lorsque les propriétaires du sol, des fabriques, usines, etc., et des capitalistes se réunissent pour exécuter un ouvrage à leurs frais et périls. L'organisation même de ces actionnaires est le résultat d'une enquête minutieuse faite par chacun d'eux pour s'assurer du mérite de l'entreprise et de son influence sur les intérêts privés. Ce sont ces sociétés seulement qu'il faut appeler associations, pour les distinguer des compagnies exécutantes qui n'ont pas fait un appel aux propriétaires des cantons traversés par le projet.

Le gouvernement, loin de prendre avec les associations les-mêmes précautions qu'avec des compagnies, doit au contraire en exciter le zèle et la confiance, et les encourager de tous ses efforts par des primes et des titres honorifiques.

Une association d'ailleurs a plutôt des droits à exercer que des priviléges à demander. En effet, personne ne contesterait à un propriétaire la faculté d'ouvrir un canal ou un chemin sur ses domaines, et d'y établir tel péage qu'il jugerait convenable. Une association de propriétaires, de manufacturiers, de capitalistes, dans un pays où la population réclame un ouvrage, et qui veut l'exécuter à ses frais, se trouve pour ainsi dire dans le même cas. Refuser cette prérogative aux propriétaires des terrains ou à une association de propriétaires, ce serait annuler en partie le privilége de la propriété et mettre obstacle aux améliorations. L'État n'interviendrait que pour empêcher et nuire.

L'administration ne semble appelée qu'à fixer les formalités que doivent remplir les associations et à protéger également les actionnaires et les tiers par des clauses qui garantissent le succès des travaux et les droits acquis.

Les précautions à prendre sont tracées dans la législation anglaise, successivement perfectionnée par des enquêtes renouvelées chaque année 'depuis plus d'un siècle; nous proposons d'en admettre d'analogues en France.

Lorsque quelques personnes veulent entreprendre un ouvrage, elles annoncent par les journaux qu'une souscription est ouverte et que chaque actionnaire est libre de s'engager, dans un temps donné, pour telle somme qu'il juge convenable. La liste close dans le délai fixé, les principaux souscripteurs se réunissent, nomment un ingénieur et des commissaires qui président à tous les détails des travaux provisoires, font dresser les plan, nivellement, et remplissent les conditions préalables prescrites par la loi.

Un agent de l'association présente à chaque propriétaire du terrain coupé, et à son domicile, le tracé général, et le fait signer sur un registre et attester qu'il a pris connaissance du projet; cet avertissement officiel le met en demeure de rédiger et de dresser telles réclamations et oppositions qu'il juge convenables, et empêche qu'il prétexte cause d'ignorance.

Cette forme d'enquête est la seule utile; elle éveille et garantit tous les intérêts, et prévient les difficultés et les intrigues; nous croyons qu'il faut l'admettre, la prescrire même aux associations, et recommander aux propriétaires d'adresser au maire du lieu et directement au ministère une copie de leurs déclarations.

Quant aux entreprises de canaux neufs faites ou par l'État ou par des compagnies, comme la plupart doivent donner non des bénéfices, mais des pertes, le gouvernement doit user d'une grande réserve. Les formalités, les enquêtes prolongées et la concurrence des adjudications sont motivées; il faut prévenir les erreurs préjudiciables à l'État ou aux actionnaires qui se confient à la sagacité de l'administration.

En cas d'association, au contraire, chaque actionnaire retire par la plus-value de ses propriétés au-delà de ses avances; le pays est certain de voir les travaux s'achever et d'obtenir de grands avantages. Le gouvernement doit se montrer très facile et généreux. Tout l'avenir de la France dépend de l'intervention de ces associations ou des mesures qui seront prises pour les encourager et pour lever les obstacles qui les repoussent.

On suppose, en raison de la division des propriétés, de l'isolement des intérêts, et de la haine des partis, que l'organisation de nombreuses associations est un rêve, et que tous les efforts du gouvernement ne sauraient le réaliser. Ces observations, très exactes pour la population de la capitale et des grandes villes, ne s'appliquent nullement aux campagnes et aux villes de fabrique ; chaque jour on y compte un plus grand nombre de personnes très éclairées, actives et plus capables de grands efforts que nos voisins. Jamais encore le gouvernement n'a donné ni cherché l'occasion de connaître la puissance morale du royaume et de provoquer les plus hautes lumières ; tout semble au contraire paralyser le zèle généreux d'une génération instruite et dévouée.

Lorsque le gouvernement aura manifesté ses intentions et établi une législation conforme aux vœux et aux besoins de la France nouvelle ; lorsque les décisions ne seront que l'application uniforme des lois générales, et la conséquence forcée d'une enquête établie avec la gravité et la diligence éclairée qu'exigent les intérêts publics et particuliers, les propriétaires et capitalistes des divers départements s'empresseront de s'associer et de chercher les moyens d'enrichir leur pays par des travaux utiles.

C'est à ces propriétaires seulement, et sans intermédiaires, que l'enquête doit arriver ; les autorités et les intérêts éloignés ne préparent que des avis incertains et contraires ; des doutes inutiles et souvent funestes; ils ne servent qu'à retarder la décision du gouvernement et l'exécution des ouvrages. Il en est souvent ainsi en consultant les conseils généraux, les chambres de commerce et les personnages influents.

Lorsqu'on se propose d'achever une navigation dont le mauvais état détermine des déchargements, des transbordements et des bénéfices de commission, les commerçants s'y opposent de tous leurs efforts; ainsi les habitants de Cambrai, de New-York, de la contrée entre le Don et le Volga, ont combattu avec ardeur, avec passion, le projet de canaux proposés. Il est à remarquer que l'établissement des ports, des grandes villes sur les fleuves, est dû au changement de navigation, aux obstacles qui empêchent les vaisseaux ou bâtiments d'entrer davantage dans les terres; il ne faut donc pas appeler de préférence aux enquêtes sur les canaux à ouvrir les grands manufacturiers et négociants; l'influence de leur crédit et de leur position ferait triompher leurs intérêts, contraires à ceux du pays. Les enquêtes ne sont utiles et fécondes en bons résultats que lorsqu'elles arrivent directement au public et aux intéressés de toutes les classes, et que les observations reviennent au gouvernement sans intermédiaires et sans modifications. C'est par ce moyen seulement qu'on peut recueillir tous les éléments de la vérité.

En réglant les formalités des enquêtes, nous insistons sur la nécessité de concilier les précau tions dans les contrats avec l'urgence des décisions; d'affranchir des formalités inutiles les associations qui offrent d'exécuter à leur compte les ouvrages nouveaux. Tout obstacle mis à leur intervention empêcherait l'exécution des nouveaux ouvrages, ferait perdre à l'État l'intérêt des 150 millions dépensés en canaux, et augmenterait la détresse toujours croissante de l'agriculture et des manufactures. Appeler aux enquêtes des intérêts étrangers ou contraires, créer sur les lieux des commissaires, multiplier les formes, c'est provoquer et animer les oppositions, c'est rendre désormais impossibles les communications qui manquent, et sans lesquelles la plupart des nos villes de fabrique ne tarderaient pas à être ruinées.

CXCIX

DU SERVICE DES INGÉNIEURS

DES PONTS ET CHAUSSÉES,

CONSIDÉRÉ RELATIVEMENT AUX ASSOCIATIONS ET AUX COMPAGNIES.

Les ingénieurs des divers grades sont chargés de rédiger ou de modifier les projets, de diriger ou d'inspecter les ouvrages, et de donner leur avis sur les affaires de grande voirie et de cours d'eau; ils ne font que proposer, surveiller, contrôler; ils n'ont pas d'autorité directe, de décisions à prendre, de fonds à dépenser, de nominations à faire, de récompenses à donner à leurs propres agents. Tout pouvoir appartient au directeur général des ponts et chaussées, ou à son délégué, le préfet.

Les occupations des ingénieurs sont à ce point variées et difficiles, que la plus longue vie suffit à peine pour acquérir les connaissances et l'expérience nécessaires aux applications des diverses branches de la science.

Dans aucune carrière publique on n'exige d'un seul homme des travaux plus pénibles et plus continus; ce qui faisait dire au plus célèbre professeur de l'École polytechnique : « Les officiers de » génie et d'artillerie font quelques campagnes qui » leur sont comptées, les ingénieurs des ponts et

» chaussées sacrifient le jour, la nuit, leur vie
» entière à leur service sans chance de gloire. »

L'administration des ponts et chaussées, comparée à celles de la marine, de la guerre, des finances, est de toutes la mieux réglée ; les fonctionnaires y sont moins payés et exécutent les constructions analogues aux moindres frais. Mais comme aucune n'est encore conforme au gouvernement représentatif, et doit y être coordonnée, le public s'occupe d'abord du service qui touche à ses intérêts les plus matériels et les plus visibles, et demande avec instance des routes et des canaux aussi nombreux et aussi utiles que ceux de nos voisins.

En Angleterre les communications ouvertes dans toutes les directions, entretenues avec vigilance, avec luxe même, font prospérer le commerce, garantissent des fatigues et des dangers, et donnent aux voyages l'attrait du plaisir. Tels sont les résultats uniquement dus à l'intervention du public.

En présence de ces termes de comparaison qu'on opposera toujours à l'administration française, se borner à terminer les routes et les canaux, à les bien réparer dans le système actuel, serait une tâche incomplète et pour ainsi dire inutile. Les mêmes plaintes se renouvellent avec amertume, avec justice même ; et tout le zèle et les talents des ingénieurs, sous l'empire des obstacles actuels, ne sauraient satisfaire l'exigence motivée du public.

Nous avons déjà montré que dans le cas même où le gouvernement ouvrirait un emprunt de 200 millions pour achever ou réparer les routes et les canaux commencés, la France n'aurait pas encore une bonne navigation, un système complet de communications, puisque le mauvais état des rivières, dont on ne s'est pas encore occupé, rend les canaux comme inutiles, et les dépenses faites comme perdues.

Les décisions à prendre doivent donc embrasser l'ensemble des améliorations, et il faut coordonner par un même système l'achèvement des routes et des canaux. Ces questions, plusieurs fois présentées et discutées dans cet écrit, doivent être examinées maintenant relativement à l'administration des ponts et chaussées.

Les ingénieurs sont chargés de la réparation des grandes routes ; mais on ne leur donne ni les fonds nécessaires, ni des agents de leur confiance, ni le choix des méthodes ; ainsi on ne peut sans injustice leur attribuer le mauvais état de quelques chaussées.

Les ingénieurs français, plus nombreux que ceux du reste de l'Europe, soumis à des épreuves plus fortes, à des examens plus sévères, connaissent tout ce qui a été écrit et fait au dedans ou au dehors du royaume ; ainsi, sous le point de vue de l'art, la France peut disposer de plus grandes ressources que les autres États.

Mais on veut en France qu'un ingénieur soit à

la fois commis et piqueur ; et on lui donne des rapports, des écritures à faire, comme s'il ne devait pas sortir ; et au dehors, des inspections, comme s'il n'avait pas à travailler dans son cabinet. Il ne dispose pas dans son arrondissement de la dixième partie des agents chargés de l'entretien des routes d'une même étendue en Angleterre ; il ne peut donc arriver aux mêmes résultats.

Supposons que, par une organisation nouvelle, un ingénieur ait pour aide dans chaque canton les trente propriétaires les plus éclairés et les plus intéressés au parfait entretien des chemins ; que chaque voyer soit chargé de la portion de route la plus voisine de sa demeure ; que sa surveillance puisse s'exercer sans frais de déplacement ; que les uns aient la comptabilité des recettes et des dépenses, les autres les soins de surveillance journalière ; que tous soient autorisés à créer les fonds nécessaires au parfait état d'entretien, et forcés de remplir ces diverses tâches : il est certain que par ce concours d'agents nombreux et gratuits le pays obtiendrait d'excellentes routes.

Telle est la législation anglaise ; telle doit être celle d'un pays libre où la loi impérieuse oblige chacun à se dévouer pour tous. La conséquence nécessaire d'un tel gouvernement est de faire payer les routes et les canaux par ceux qui en profitent, et de régler le tarif des péages d'après les dégradations ou le poids du chargement.

Obtenir de belles routes, des routes anglaises,

avec un système de roulage qui détruit les pierres et laboure les routes, et sans moyens de transporter de bons matériaux ; sans droits d'entretien, sans le concours de toute la population éclairée, nous paraît aussi impossible que de rendre un pays manufacturier, commerçant, sans une bonne navigation et sans institutions libres.

Admettons une administration cantonnale, et voyons quelles seraient les fonctions des ingénieurs et leur influence.

Un ingénieur d'arrondissement ne serait plus commis, piqueur, mais ingénieur ; il s'occuperait de faire faire sous ses yeux et en présence des commissaires, quelques portions d'une chaussée parfaite ; il mettrait ces commissaires en état d'exercer une surveillance efficace, soit pour le choix et le cassage des matériaux, soit pour leur emploi, soit pour déterminer exactement le profil des routes.

Il visiterait successivement les cantons, donnerait des instructions et ferait à l'ingénieur en chef des rapports sur la situation des routes de son arrondissement.

Lorsque des barrières seraient établies, il rendrait compte si les chaussées sont maintenues bonnes conformément aux conditions prescrites par les règlements.

De sérieuses études et une longue expérience des travaux permettant à chaque ingénieur de remplir sa tâche en sept à huit jours par mois, il pourrait, le reste du temps, s'occuper des travaux neufs pour lesquels il serait consulté.

Les appointements d'un ingénieur, eu égard aux dépenses de son éducation, étant moindres que les journées d'un charpentier ou maçon, et surtout d'un mécanicien, on ne pense pas qu'il y ait possibilité de les réduire, puisqu'ils ne sont en réalité que le remboursement des frais faits pour leur service actif.

Le décret d'organisation des ponts et chaussées oblige les ingénieurs de diriger les travaux de départements et de communes, de donner des avis sur les affaires d'usines, sur la demande des préfets, et leur alloue des indemnités pour ce service extraordinaire. C'est même dans la supposition des indemnités allouées pour des ouvrages semblables que les appointements ont été réglés; la nouvelle législation doit consacrer ce principe, et laisser pour les travaux neufs le choix d'un ingénieur sur six cents.

Un ingénieur ne serait plus obligé de remplir une tâche de subordonné, d'employé à l'année, à la journée, de donner tant d'heures par jour sur les routes; ses fonctions exigeraient toujours l'application des connaissances et de l'expérience qu'il aurait acquises; plus il aurait médité sur son art, plus il aurait visité de travaux, et plus il serait utile en moins de temps; le résultat de dix ans de recherches et de méditation pouvant être mis en pratique en quelques jours.

Le privilége d'un gouvernement représentatif est de développer plus rapidement les facultés par les plus grands avantages du succès et par la certitude donnée au mérite de l'obtenir. Sous l'empire d'une législation en harmonie avec le pacte fondamental, la France apprendrait bientôt qu'on compte dans les ponts et chaussées beaucoup d'ingénieurs de la plus haute capacité, à qui il n'a manqué que les occasions de se faire connaître.

La surveillance des routes, ponts, canaux, ports, et toutes les affaires administratives relatives à la voirie, aux cours d'eau, étant, comme maintenant, confiées aux ingénieurs en chef et ordinaires de chaque département, sous la direction du préfet, les ingénieurs conserveraient les mêmes attributions, seulement ils seraient plus occupés comme ingénieurs et moins comme agents secondaires, et se rendraient plus utiles.

Il reste à examiner si les ingénieurs doivent avoir une intervention, et dans quelles limites, lorsque des associations proposent d'entreprendre à leurs frais et périls des ponts, des chemins neufs, des canaux; les compagnies pourront-elles s'affranchir de tout contrôle des ponts et chaussées? les ingénieurs du département seront-ils autorisés à diriger les travaux des associations? ou seront-ils appelés à contrôler les entreprises particulières des canaux et des routes.

Quoique ces questions aient été discutées plus haut, nous croyons devoir les reprendre, parceque leur solution peut avoir une grande influence sur les travaux et l'avenir de la France ; mais il est nécessaire de rappeler encore la distinction que nous avons faite entre les entreprises par une compagnie ou par une association.

Nous entendons par compagnie une société de capitalistes ou d'entrepreneurs qui, n'étant pas propriétaires dans une contrée, s'engagent à exécuter à leurs frais et périls un ouvrage avec la chance de retirer des bénéfices de leur temps et de leurs capitaux par le produit direct de l'entreprise.

Soit que le gouvernement fasse préparer à ses frais les projets des travaux, ou soit qu'une compagnie ayant eu la pensée de l'amélioration en présente les plans et détail, le gouvernement est dans l'habitude de concéder sans adjudication la première entreprise nouvelle dans son espèce, et d'ériger la concurrence pour les autres. Cette distinction et cette préférence paraissent justifiées : il a voulu encourager les essais et les travaux ; mais lorsque la confiance est établie, il a toujours appelé le concours des compagnies rivales pour des ouvrages semblables.

Cette marche, bonne jusqu'à ce jour, serait désormais funeste, parcequ'on retomberait rapidement dans les inconvénients qui ont suspendu dans le dernier siècle les prospérités de la France. Lorsque les succès obtenus par les honorables entrepreneurs des canaux de Briare, de Languedoc, eurent éveillé l'attention des spéculateurs, il se forma beaucoup de compagnies qui, sans expérience, sans capitaux suffisants, obtinrent, par faveur, des concessions de canaux. Leur imprévoyance, d'une part, et la puissance de la centralisation qui commençait à naître et s'est toujours accrue depuis, ont ruiné successivement tous les capitalistes ; ainsi les compagnies des canaux de la Somme, de l'Ourcq, de Troyes, de Provins, d'Essonne, etc., ont perdu la totalité des fonds dépensés. Il est donc nécessaire de prévenir à la fois la ruine des actionnaires trop confiants, et les obstacles apportés aux travaux par des compagnies qui manquent de capitaux et de prévoyance.

Quelques personnes soutiennent en thèse générale qu'il faut laisser aux compagnies pleine liberté d'entreprendre, de se ruiner même ; les fonds de l'État n'étant pas compromis.

Mais un grand travail se lie aux intérêts d'une contrée ; s'il est légèrement combiné, lentement exécuté, et même abandonné, une population de plusieurs cantons, d'un département que l'ouvrage devait enrichir, perdra son avenir par suite des erreurs et de l'imprévoyance de la compagnie ou de l'administration, également responsable des autorisations légalement données.

Prévenir les mécomptes des actionnaires, les pertes plus graves des habitants, et les obstacles apportés aux améliorations, nous semble un devoir du gouvernement facile à remplir.

En Angleterre, les propriétaires des terres et

des manufactures de la contrée qu'un canal ou un chemin neuf doit traverser, se réunissent aux lieu et jour annoncés par les journaux et souscrivent le montant de la dépense ; l'assemblée nomme un ingénieur et des commissaires qui remplissent les formalités prescrites par les lois, et poursuivent l'approbation du projet par un acte du parlement.

Par une telle marche, les propriétaires du sol ou des fabriques d'une contrée exécutent tous les projets qui leur sont utiles, et n'ont ni à solliciter une faveur, ni à perdre leur temps en démarches, ni à redouter une concurrence et une préférence accordées arbitrairement. Chaque habitant, sans distinction, souscrit pour une somme de son choix, et presque toujours ne compte que sur l'avantage qu'il retirera du canal comme propriétaire et non comme actionnaire. Ainsi chaque personne évaluant la plus-value qu'il obtiendra, fait d'avance le sacrifice d'une partie des fonds employés en travaux.

Une telle législation conduit à ne faire que les ouvrages réclamés par le pays, à entreprendre sans concurrence, sans retard et sans obstacles les travaux jugés nécessaires, et à prévenir tous les embarras créés par l'usage maintenant suivi en France.

Nous n'avions appelé association que les sociétés composées de propriétaires du sol des fabriques et des capitalistes d'un pays, qui se chargent d'exécuter à leur compte les travaux utiles à leur exploitation.

Autant l'intervention de telles associations est favorable et indispensable à la prospérité publique, autant celle des compagnies sans capitaux pourrait en retarder et en compromettre le développement. On doit donner la préférence aux associations.

Il est nécessaire cependant de reconnaître que les propriétaires des campagnes, presque toujours gênés, timides, peu confiants par souvenir des actes arbitraires du gouvernement impérial, montrent une grande répugnance à prendre part à des associations. Il était de toute nécessité d'admettre et d'appeler des compagnies, mais depuis quelques années la France a fait des pas très rapides; on remarque même plus de progrès dans les départements et dans les campagnes que dans la capitale et dans les villes. On peut donc espérer que beaucoup d'associations de propriétaires se formeront pour soumissionner et exécuter les entreprises utiles. Mais l'intervention des compagnies exécutantes doit être de même encouragée et protégée. C'est par des capitalistes seulement que peuvent être entrepris les grands travaux d'art, des ponts, les barrages difficiles, le perfectionnement des navigations des fleuves, parceque les ouvrages exigent beaucoup de capitaux, d'instruction et de hardiesse; et exposent à des chances que refusent de courir les propriétaires.

Maintenant il reste à déterminer les rapports des associations et des compagnies avec le gouvernement et l'administration des ponts et chaussées.

Lorsque les principaux habitants d'une contrée demanderont à exécuter une entreprise, nous croyons que les nivellements, vérifications de plans, de calculs, doivent être faits par un des six cents ingénieurs des ponts et chaussées, choisi librement par la compagnie. Cette tâche, qui ne demande pour un ingénieur exercé et expérimenté que quelques jours sur le terrain et des occupations de cabinet, peut être remplie, pour le plus long canal, par l'ingénieur du gouvernement le plus chargé de service. Il serait aussi injuste et nuisible de refuser à une association les lumières d'un ingénieur de sa confiance, et à l'ingénieur l'exercice de ses talents, que de défendre au médecin ou chirurgien d'un hôpital, à un professeur, à un académicien, qui reçoivent un traitement de l'État, d'exercer leur art et de se servir de leurs instruments, de leurs pinceaux ou de leurs plumes. Une pareille exigence, conforme au gouvernement impérial et à tout gouvernement absolu, est entièrement contraire à l'esprit de nos nouvelles institutions.

Le talent naturel le plus heureux, le génie même, sans une application continuelle, sont impuissants, puisqu'ils n'enfantent que des découvertes ou inutiles ou déjà faites. On n'arrive à atteindre les limites de plus en plus étendues d'une science que par l'étude des travaux des devanciers, et pour les dépasser il faut des essais sans nombre des efforts extraordinaires. Toute chance de succès serait ôtée par une restriction que la jalousie souhaite et voudrait commander.

Il nous semble juste et avantageux à l'État et aux compagnies, que des ingénieurs du gouvernement aient la faculté d'être conseils et directeurs de grandes entreprises, lorsque cette tâche ne demande que le temps dont ils sont maîtres de disposer.

Dans l'évaluation des services, la loi n'a dû demander à chacun que le travail à exiger d'un homme de force moyenne ayant une famille et des devoirs à remplir; il est donc évident que celui qui, par amour de son métier, reste libre de tout soin, peut disposer de deux ou trois fois plus de temps. Il faut que celui qui, plus favorisé de la nature, a sacrifié en outre sa jeunesse et sa fortune pour acquérir quelque supériorité, ait la liberté d'exercer ses talents. Si on refuse au mérite toute chance de récompense, le devouement paraîtrait un mécompte, tout germe d'émulation et de capacité extraordinaire serait détruit. Ces vérités sont maintenant si bien établies, qu'il paraît inutile de combattre les objections. Mais le concours d'un ingénieur doit-il être seulement facultatif? Le gouvernement doit-il exiger que les associations et les compagnies ne présentent des projets et n'en dirigent l'exécution que sous la garantie d'un ingénieur des ponts et chaussées de leur choix?

Nous regardons cette obligation comme nécessaire dans l'intérêt des actionnaires, du public et de l'État. Nous citerons à l'appui de notre opinion les leçons de l'expérience.

Presque toutes les entreprises tentées en France dans le dernier siècle, sans le concours des ingénieurs des ponts et chaussées, ont ruiné les actionnaires et retardé la prospérité publique, malgré les faveurs souvent obtenues par des compagnies. Beaucoup d'exemples nouveaux confirment ces résultats.

Abandonner les travaux à l'ardeur des compagnies, sans l'intervention des propriétaires, sans le concours des ingénieurs, ce serait encourager des entreprises hasardeuses qui rendent impossibles les améliorations les plus indispensables. Il paraîtra évident à ceux qui ont quelque notion des canaux, qu'un canal mal tracé, abandonné ou sans valeur, empêchera pour toujours une entreprise facile qui eût enrichi toute une contrée.

Un ingénieur des ponts et chaussées n'est pas infaillible ; mais on en compte plus de trois cents qui joignent maintenant une profonde instruction à une grande expérience ; si l'association choisit mal, c'est à elle à courir les chances de responsabilité.

L'État a un double intérêt qu'une compagnie ne fasse pas une entreprise ruineuse ; les pertes sont supportées par le pays, ôtent surtout la confiance, et suspendent le cours de la prospérité publique ; un ingénieur exercé les préviendrait.

Sous un autre point de vue cette condition est une justice. L'organisation générale des ponts et chaussées, conforme à celle du génie, de l'artillerie, de la marine, des avocats, des médecins, doit être ou conservée ou modifiée avec toutes les autres. Si l'on accorde à toute personne d'exercer les fonctions d'ingénieur sans avoir subi les épreuves, les concours prescrits par les lois et les ordonnances, il faut alors que les ingénieurs des ponts et chaussées aient réciproquement la faculté d'être officiers supérieurs du génie, de l'artillerie, de la marine, puisqu'ils ont satisfait, et avec distinction, aux mêmes examens.

Pour appuyer cet affranchissement total de l'administration, on dira que quelques personnes, sans être ingénieurs, ont autant et plus de talents que beaucoup d'ingénieurs ; mais Jean-Bart, Vauban, pris hors des rangs de la marine royale et du génie militaire, ne pourraient plus arriver au grade d'enseigne et de capitaine du génie ; les plus éloquents orateurs des chambres n'auraient pas droit de plaider au barreau ; le médecin le plus habile sans diplôme ne peut exercer cet art.

De nouvelles dispositions générales sont sans doute possibles, peut-être même fort utiles ; mais on a cherché à balancer les avantages et les inconvénients par la législation existante ; il faut de nécessité la modifier dans son ensemble ou la conserver dans ses détails.

Si le nombre des ingénieurs paraît trop faible,

si on veut étendre la faculté du choix donné aux associations, on peut chaque année doubler le nombre des élèves admis à l'École polytechnique ; tout est disposé pour les recevoir, et il paraît que le petit nombre des élèves admis tient à des particularités qu'on ne saurait justifier.

La clause imposée aux associations de ne présenter des projets que sous la garantie d'un ingénieur choisi par elles, donnerait la facilité de prévenir ou de lever les obstacles qui ont excité leurs plaintes et compromis le succès de leurs entreprises.

Pour établir les avantages de cette disposition, il faut comparer l'usage suivi à la législation proposée.

Le gouvernement ou une compagnie présente un projet, l'adjudication est ordonnée ; le cahier des charges prescrit aux adjudicataires de soumettre aux administrations de plusieurs départements les détails des travaux, et les modifications qu'ils proposent ; il est évident que la compagnie n'a aucune garantie que les projets des ouvrages les plus urgents, ainsi soumis au contrôle d'un très grand nombre de personnes, soient définitivement adoptés dans un délai de plusieurs années.

Les concessionnaires sont forcés de faire approuver les changements, et d'attendre que toutes les formalités prescrites pour les ouvrages de l'État aient été remplies ; il en résulte nécessairement des retards, de l'incertitude même : chaque ingénieur

ayant une opinion différente, quelquefois contraire sur les divers systèmes, la compagnie doit
suivre des pensées souvent opposées à ses intérêts
et à l'opinion de l'ingénieur-directeur. Un tel contrôle décourage les compagnies, excite leurs réclamations, et éloigne les associations les plus honorables.

Puisqu'il y a urgence et nécessité d'ouvrir de
grands ateliers, et de lever les obstacles qui repoussent les associations et les compagnies, il nous
semble qu'il faut les affranchir de tout contrôle de
détail, de toute surveillance journalière. Lorsqu'une loi ou une ordonnance concèdera un canal
ou un chemin, les actionnaires doivent être autorisés à exécuter leur contrat sous la garantie donnée par un cautionnement, et par la responsabilité
d'un ingénieur relativement à l'art. Une compagnie n'aurait plus alors à redouter les discussions,
les entraves; elle serait maîtresse de son entreprise dans les limites de la loi.

Ces dispositions obligent évidemment d'accorder les concessions à perpétuité, ce qui est d'ailleurs conforme à l'intérêt public et à l'intérêt du
pays traversé par la ligne nouvelle d'un canal ou
d'une route.

Ces bases arrêtées, nous indiquerons la marche
à suivre pour arriver au traité à passer par les compagnies, et à la parfaite exécution et réception des
travaux.

Le gouvernement veut confier à l'intérêt particulier le perfectionnement des rivières navigables et l'ouverture des canaux et des chemins neufs. Pour concéder les rivières, il engagera les associations et les compagnies à faire dresser des projets par des ingénieurs ; il mettra l'entreprise en adjudication, et avec rabais sur la réduction des droits de navigation. La compagnie concessionnaire devra indemniser les auteurs du projet, d'après une base invariable fixée d'avance ; afin de prévenir les décisions arbitraires, les discussions ruineuses entre les compagnies, le découragement et le discrédit des entreprises.

Les nouveaux chemins ou canaux pourraient être donnés sans adjudication et à perpétuité aux associations de propriétaires du pays ou aux capitalistes qui appelleraient à eux ces propriétaires et s'engageraient à exécuter et à bien entretenir les ouvrages à leurs frais et périls.

Le conseil général des ponts et chaussées serait chargé non seulement d'examiner, comme maintenant, les projets de canaux et de route, de déterminer les directions à suivre, les modifications à faire, les dimensions à donner ; mais aussi de discuter les observations, les oppositions et les résultats des enquêtes ordonnées dans le pays traversé par les lignes de communication. Il devrait aussi dresser les cahiers des charges des adjudications ou concessions, les projets d'ordonnance et de loi, et donner des avis sur toutes les questions relatives à l'art et à l'interprétation des traités.

L'approbation des projets ayant été accordée après avoir satisfait à toutes les conditions prescrites par les lois et règlements, toute latitude serait laissée à la société exécutante ; ce serait à elle seule à accepter avec l'ingénieur de son choix toutes les chances des travaux. Les ingénieurs de l'association seraient libres de tracer, de changer, d'exécuter sans le concours des ingénieurs des lieux et de l'administration, qui ne recevrait plus de réclamations, quels que fussent les résultats des entreprises. Le gouvernement, libre de tous soins, de toute responsabilité, appellerait le pays à prendre seulement part au succès que les compagnies n'obtiennent que par les avantages publics.

L'intervention d'un ingénieur attaché à une association sert donc tout à la fois à affranchir l'administration des vérifications, des contrôles et des chances, et la compagnie des inconvénients d'une telle surveillance qui amène nécessairement des discussions, des retards, et souvent la ruine de l'entreprise.

Le danger à éviter n'est pas de faire des traités trop avantageux aux compagnies, mais bien d'empêcher, de retarder même ces traités par des formalités interminables et arbitraires. C'est donc sur cette pensée qu'il faut s'arrêter et revenir sans cesse ; la France souffre, et tout adoucissement général ne saurait arriver que par un grand ensemble de travaux. Ce but, vers lequel il faut tendre, sera atteint en peu de temps, en déclarant, 1° que la concession des canaux et des chemins neufs sera donnée à perpétuité, sans adjudication, aux associations qui par suite d'affiches et d'annonces publiques, se formeront de tous les souscripteurs qui se présenteront; 2° que la concession du perfectionnement des rivières navigables et flottables sera de même accordée à perpétuité, mais par adjudication publique, le rabais portant sur les droits proposés, et avec obligation pour la compagnie adjudicataire de rembourser une indemnité à celle qui a donné les premiers projets; 3° que les plans seront dressés et signés par un ingénieur des ponts et chaussées.

Lorsque deux compagnies auront présenté des projets pour une même rivière, elles seront autorisées à nommer chacune trois ingénieurs qui décideront sur les droits respectifs, concurremment avec trois ingénieurs désignés par le directeur-général des ponts et chaussées.

Lorsqu'une seule compagnie aura dressé les projets à ses frais, elle aura la faculté de désigner trois ingénieurs pour examiner ses droits et les défendre au conseil général.

On éviterait ainsi les réclamations des compagnies qui prétendraient être injustement repoussées, et les inconvénients de l'influence des personnes qui, préoccupées d'anciens systèmes, s'opposeraient à des essais nouveaux, sans lesquels nul progrès, nulle découverte n'est possible.

En Angleterre, comme dans l'ancienne France où l'administration était plus conforme que maintenant au gouvernement représentatif, et dans tous les pays libres, les ingénieurs n'ont atteint de la célébrité par de grands services rendus à leur pays que lorsqu'on leur a laissé pleine liberté d'agir, d'exécuter leurs projets sans contrôle et de les modifier eux-mêmes et à leur gré pendant les opérations. Il n'est pas une découverte qui, soumise à un contrôle, ne soit repoussée et ne soulève les passions contre l'auteur. Avec nos formes actuelles, et les conflits de la guerre et de l'intérieur, il eût été impossible à Vauban d'élever un fort, et à Riquet de construire quelques écluses de son canal, puisque les discussions des travaux mixtes à Besançon, au Havre, à Cherbourg ont duré trente années, et que beaucoup de projets sont suspendus depuis long-temps.

Le moyen d'obtenir le plus tôt les améliorations qui nous manquent, c'est de lever les obstacles qui les retardent. On peut dire que les communications seront d'autant plus belles et plus nombreuses que le gouvernement s'en mêlera moins ; qu'il laissera aux associations et aux ingénieurs une liberté plus grande et nécessaire au développement des talents ; qu'il doit confier l'entretien et le perfectionnement des travaux aux autorités locales, les grandes améliorations aux associations de propriétaires et de capitalistes. La tâche de l'administration deviendrait aussi facile qu'efficace; les pré-

p.

fets, les ingénieurs surveilleraient, dirigeraient, préviendraient les négligences et assureraient l'exécution des obligations contractées par les cantons et les villes, et fourniraient les documents nécessaires aux projets de contrat.

Les lois actuelles renferment le principe des dispositions à prendre, et donnent les moyens d'obtenir ces améliorations qui nous manquent. Mille circonstances obligent de réaliser bientôt les espérances de la France ; administrateurs, ingénieurs, propriétaires, capitalistes, ouvriers de toutes les classes, offrent au gouvernement tous les éléments et les moyens de prospérité et de richesses. Il peut coordonner ces puissances, les faire agir en quelques mois, arracher la France à un état de stupeur ou d'inquiétude, et fonder par le travail et la paix une grandeur nouvelle. Le temps commande, chaque jour de retard est une cause de privations et de pertes pour des milliers de familles.

DES RELATIONS

ENTRE LES PRÉFETS ET LES INGÉNIEURS.

L'organisation impériale et presque militaire des ponts et chaussées établissait une discipline sévère contraire aux avantages d'un service beaucoup plus important depuis la restauration ou la paix.

Par les changemens proposés, les préfets et les ingénieurs ont des attributions distinctes, différentes mêmes, qui se coordonnent sans rappeler les idées de pouvoir et de subordination.

Les ingénieurs n'ayant plus ni comptabilité, ni responsabilité, ni fonctions à la journée, ils exerceraient leur art comme les médecins en chef des hôpitaux, comme les directeurs du génie; ils indiqueraient les meilleurs moyens de faire et d'entretenir les routes, et remettraient des rapports aux préfets, qui prononceraient selon qu'ils le jugeraient convenable.

Pendant l'interruption des travaux, les ingénieurs, sans demander de congé, seraient libres de voyager, d'étudier les grands travaux, de dresser des projets, et pourraient acquérir par l'exercice de leur art et l'étude des ouvrages entrepris, l'expérience plus nécessaire encore que la théorie.

Une plus grande liberté doit donc tourner au

profit du service, et amener plus promptement le succès des améliorations nécessaires.

On se plaint généralement de la lenteur des décisions sur les affaires de détail qui sont renvoyées aux ingénieurs de divers grades, et par eux aux préfets, au directeur général, au conseil, et après de longs délais, reviennent par les mêmes filières, où elles passent de nouveau lorsque des modifications sont prescrites.

Ces inconvénients seraient évités en adoptant des dispositions anologues à l'article suivant de l'ordonnance de 1776, concernant le corps de génie.

Art. 7. « Il sera établi dans chaque direction » un conseil d'administration qui sera composé des » directeurs et de tous les officiers supérieurs des » brigades qui se trouvent le plus à portée du lieu » de sa résidence. Ce conseil sera présidé par le » commandant de la province, s'il est présent ; les » officiers généraux des divisions, répartis dans l'é- » tendue de la direction, y auront également séance. » En cas de leur absence, le commandant de la place » où résidera le directeur sera toujours appelé ».

Le préfet du département réunirait de même chaque année les ingénieurs des ponts et chaussées chargés du service, examinerait en conseil départemental les projets et les affaires, prononcerait définitivement sur tous les détails, et renverrait au directeur général les projets des grands travaux.

Quelques jours après cette session, le conseil départemental des ponts et chaussées se réunirait au conseil d'administration de la guerre, pour délibérer sur les travaux mixtes et prononcer sans recours aux ministres respectifs.

Ainsi, en quelques semaines, le général de la division, le préfet et les ingénieurs des deux services règleraient les divers travaux qu'il faut maintenant discuter plusieurs années sans avoir souvent de résultat.

Ces dispositions nécessiteraient entre les inspections et les directions des ponts et chaussées et du génie militaire, une concordance depuis long-temps réclamée, et deviendraient plus efficaces en adoptant les anciennes divisions territoriales, mieux séparées par des limites naturelles.

Les attributions nouvelles données aux préfets et aux ingénieurs, et les réunions des divers fonctionnaires imprimeraient une marche rapide à toutes les parties du service et contribueraient au succès des grandes entreprises sans lesquelles la détresse de l'agriculture et du commerce croîtra toujours.

Les ingénieurs, plus confians dans l'avenir, plus certains de leurs résidences, étudieraient avec plus d'ardeur les améliorations à faire et parviendraient avec plus de certitude à les conduire à terme.

Des communications plus nombreuses sont nécessaires ; mille obstacles retardent ou empêchent maintenant leur exécution ; la nécessité commande de lever les difficultés et de donner à la France une administration plus en harmonie avec le gouvernement de la restauration.

RÉSUMÉ.

Le perfectionnement des routes, des canaux, est bien moins une question de ponts et chaussées que de législation, car l'état des communications d'un pays dépend surtout de ses institutions. Sous une administration militaire absolue on ne doit exiger que les grandes routes de l'empire, ouvertes, comme les voies romaines, de la capitale aux chefs-lieux des provinces, exécutées à grands frais avec plus de luxe que d'art, laissant entre elles des contrées épuisées, sans chemins praticables, sans industrie.

Long-temps le gouvernement a cherché à concilier des choses incompatibles : le commerce et des armées permanentes, nombreuses, oisives; un gouvernement représentatif sans l'intervention du public dans les affaires municipales, de meilleures lois sans enquêtes ; des améliorations par ceux qui les ignorent ou les repoussent. Il semblait vouloir tout à la fois l'éclat des armes et les bénéfices de la liberté.

Il est temps de choisir entre les illusions de l'empire et les bienfaits de la restauration. Si le gouvernement veut être militaire, le commerce averti peut liquider ses entreprises, se préparer aux chances des victoires et des invasions nouvelles; il faut renoncer à étendre et à perfectionner les communications intérieures. Pendant l'état de guerre inhérent à cette organisation, les allocations pour travaux utiles sont réduites ou retirées, et la plupart des entreprises abandonnées. Les réquisitions, les emprunts augmentent les charges; la confiance se perd, les fonds restent sans emploi, les ouvriers sans travail, les produits sans valeur; la détresse des particuliers prépare les malheurs publics. Telle serait la France si, repoussant les vœux d'une génération généreuse, éclairée, on persistait à suivre les errements de l'empire.

Par un système contraire, plus conforme à l'esprit du pacte fondamental, par le concours du public aux affaires communales, le gouvernement, sans soins, sans dépenses, sans diminuer ses prérogatives et son autorité, est maître de se créer de grands moyens de puissance, et d'effacer les dernières traces des dissensions publiques.

Un pouvoir central éloigné ne saurait régir avec le même bonheur, par une règle invariable, les affaires journalières des contrées soumises à divers climats, à tous les accidents de la nature. Les évènements imprévus de chaque jour demandent une action décisive, immédiate; des formalités occasionent des retards ou des pertes, et une aveugle égalité devient une injustice. Les faits et les tableaux que nous avons cités en établissent les preuves.

Les Français, grandis par les souvenirs de gloire,

par les malheurs mêmes, et surtout par la liberté, se livrent au commerce depuis la restauration avec la confiance que donne le meilleur gouvernement. Mais des causes inaperçues préparent la ruine des entreprises les mieux concertées. Chaque jour nous apprend et nous fera connaître de nouveaux désastres dans les contrées manufacturières de l'est, du midi, du couchant. Un seul département, le Nord, semble à l'abri de ces catastrophes, parceque c'est le seul où l'on soit parvenu, avec de grandes difficultés sans doute, à procurer aux fabriques les moyens de prospérité, c'est-à-dire des communications plus rapides et à meilleur marché. En deux années, et sans dépenses de l'État, on pourrait compléter la navigation, la rendre plus rapide que le roulage, et deux fois moins chère, et procurer à la Flandre française tous les avantages qui rendent le monde tributaire des villes de Manchester, Birmingham ; il suffirait de lever les obstacles apportés aux projets civils par l'administration de la guerre. Une nouvelle législation des travaux donnerait à cette contrée et au reste du royaume les communications qui manquent et de plus grandes richesses. Beaucoup de personnes reconnaissent ces vérités, mais les oppositions à vaincre leur paraissent si redoutables, que la plupart, désespérant du succès, croient inutile de le tenter.

Mille faits semblent justifier leur découragement. depuis cent cinquante ans que les libertés des villes et des provinces sont de plus en plus envahies, tous les hommes dévoués et d'une haute capacité qui ont osé lancer un trait contre la centralisation, ont soulevé l'intérêt et l'envie. Ces passions, plus terribles que les monstres de Ténédos, ont étouffé dans leurs épouvantables nœuds ces nouveaux ministres de la vérité, en présence d'un peuple long-temps sourd aux bons conseils.

Mais les temps sont changés, le public plus instruit saura reconnaître ses défenseurs; beaucoup d'hommes généreux, sans tenir compte des chances personnelles à courir, ne verront que l'avenir de la France, et voudront contribuer à sa grandeur.

Pour obtenir, sans longues discussions, les améliorations qui nous manquent, il suffira d'exposer les faits et d'arriver par eux à la vérité.

Nous croyons avoir montré dans divers écrits que l'impôt d'un milliard exige un commerce extérieur florissant; que pour vendre au dehors il faut fabriquer ou mieux ou à meilleur marché que nos voisins; que la valeur effective des produits dépend de l'instruction des ouvriers, de la perfection des machines, du bas prix des matières premières et des transports.

Puisqu'il est constaté, malgré les assertions contraires, causes de graves erreurs, qu'en Angleterre le prix du travail, des matières premières, et surtout des transports est, terme réduit, deux fois moins cher (1) qu'en France, il est donc impossible que

(1) Voir les tableaux et les notes placés à la fin du volume.

la France puisse fabriquer à aussi bon marché, conserver au dehors un commerce étendu, au dedans de nombreuses fabriques, et continuer à payer les impôts sans diminuer son capital.

Avec des armées de terre, des flottes, des douanes deux fois plus nombreuses, on n'arriverait qu'à augmenter les charges, les prix des journées, des matières premières, des produits du sol et des fabriques, et à ruiner plus rapidement l'agriculture et les manufactures. De même avec des droits d'entrée très élevés sur les matières premières, on encourage l'introduction des marchandises étrangères, on accorde de fortes primes à la contrebande. Le système suivi est donc en tout point contraire à l'expérience et aux intérêts du pays, et en le continuant, on peut calculer à quelques mois près les désastres des grandes fabriques et des principales villes de manufacture.

Pour résoudre la question spéciale qui nous occupe, nous avons rapporté les observations et les faits suivants qui paraîtront des axiomes, ou que justifient des données officielles.

Les transports par eau dans le même temps et au même prix sont préférables aux transports par terre.

Plus les transports se font vite et à bon marché, et plus la prospérité augmente

On ne peut obtenir de bonnes routes que par une bonne navigation qui appelle les gros transports et procure à bas prix d'excellents matériaux.

L'intervention du public est indispensable pour l'exécuter et l'entretien des canaux et des routes.

Un gouvernement est hors d'état de créer et d'entretenir les canaux. Les fonds communs destinés aux ouvrages de navigation ne tournent qu'au profit de quelques contrées favorisées, et contribuent à augmenter la misère des peuples plus pauvres.

Une bonne navigation intérieure ne s'établit que sous l'influence des garanties nécessaires. Il faut que le gouvernement concède à perpétuité la propriété des canaux et des rivières navigables et flottables ; qu'il impose à toutes les compagnies l'obligation, sous leur responsabilité, de maintenir en bon état les canaux ; qu'il fasse en outre payer les frais de réparation des routes par les voituriers qui les dégradent. Une de ces conditions négligée rend les autres inexécutables.

On est ainsi conduit à reconnaître que sans l'établissement des barrières sur les routes, on ne peut espérer ni bonne navigation, ni bonnes routes, ni prospérité du commerce.

Nous avons cherché à répondre par des faits aux objections contre les barrières.

On ne peut les établir que sous un gouvernement libre, où la loi est forte, où le public intervient ; ce système était donc impossible sous l'empire.

Les barrières donnent des produits réguliers, les moyens d'entretenir jour par jour les chaussées.

Le meilleur état des routes fait baisser les prix

des transports. Il en est ainsi sur les rivières où les nouveaux droits d'écluses et de perfectionnement font diminuer le temps et les frais de navigation. Aussi plus les chemins et les canaux sont améliorés au moyen des produits des barrières, et plus le fret est réduit.

Des barrières sont établies sur les routes d'Angleterre, d'Écosse, d'Irlande, des États-Unis, de la Belgique, de la Prusse, de Saxe, de Bohême; il serait impossible d'admettre cet impôt spécial dans les États sans administration provinciale, et de l'introduire même en France, avant de modifier l'organisation impériale.

Nous avons proposé d'instituer une administration cantonnale chargée de la surveillance des barrières et de l'exécution des routes neuves avec le concours des ingénieurs, et nous avons cherché à combattre les objections contraires.

Quelques personnes pensent que tous les efforts du moment et pendant dix ans doivent se borner à terminer, à restaurer et réparer les routes royales; à finir les canaux, à créer un fonds de 150 millions pour subvenir aux dépenses; mais quand cette tâche serait accomplie, la moitié de la France manquerait encore de routes; le royaume n'aurait pas de navigation, et la ruine de beaucoup d'agriculteurs et de commerçants serait également certaine et prochaine. Pourquoi refuser à la génération présente les avantages qu'on peut obtenir dans un court délai, sans sacrifices de l'État?

Se borner à restaurer les routes, à terminer les canaux, serait une tâche incomplète et presque inutile ; l'ensemble des améliorations doit être entreprise.

Pour profiter des 150 millions dépensés ou consacrer à l'achèvement des canaux, il faut que les rivières qui les réunissent soient canalisées. Cependant aucune grande entreprise de ce genre n'est encore commencée ; aucune n'est même possible avec la condition de concurrence et les charges imposées aux compagnies. On semble craindre les bénéfices des associations, comme si le public n'était pas appelé à les partager. Il n'est pas un travail de ce genre qui n'expose à de grandes pertes, puisqu'on peut plus tôt ou plus tard ouvrir de nouvelles communications qui détournent le commerce des premières, et fassent descendre les recettes de toutes compagnies au-dessous du taux légal.

Les hommes expérimentés savent que la France obtiendra une navigation intérieure aussi complète qu'en Angleterre et en Belgique aussitôt que le gouvernement levera les obstacles qui s'opposent aux améliorations. Les ingénieurs peuvent dresser en quelques années les principaux projets de navigation, et les mettre à exécution dans une période de six ans.

Nous avons donné un projet de barrage d'une application facile sur tous les fleuves, et au moyen duquel la navigation en lit de rivière deviendrait aussi sûre que sur les canaux, et avec des dépenses cinq ou six fois moindres, et avec des bénéfices de plusieurs capitaux, au lieu des pertes certaines en entreprises des canaux latéraux.

Lorsque les rivières auront été canalisées et qu'une bonne navigation pénétrera dans l'intérieur des départements, on pourra transporter à bon marché et à de grandes distances, pour l'entretien des routes, d'excellents matériaux, fort abondants dans nos montagnes ; les chaussées seront réparées et maintenues belles à plus bas prix. Jusque-là, forcé de prendre à quelques lieues de distance des matériaux ou rares ou mauvais, on ne doit compter sur aucune amélioration durable. On voit que toutes les questions sur les communications par terre et par eau se lient, et qu'on ne peut les résoudre isolément.

Les détails donnés dans le premier volume de cet ouvrage sur la construction et l'entretien des chaussées en cailloutis, et sur le choix et l'emploi des matériaux, font assez connaître qu'il faut une administration locale ayant plein pouvoir de décider immédiatement, et des ingénieurs très exercés pour diriger et exécuter même les chemins vicinaux.

Nous avons fait voir que les prestations en nature ou les corvées, reste de la féodalité, coûtent deux ou trois fois plus qu'elles ne produisent ; qu'elles sont injustes par l'égalité même de la répartition ; qu'elles excitent des plaintes fondées, et qu'elles n'ont donné de bons résultats que sous

des administrateurs d'un zèle et d'un talent extraordinaires, qui se mettaient au-dessus des lois
dans un but honorable, et obtenaient de grands
résultats par leur influence personnelle. De telles
exceptions plus difficiles et plus dangereuses, et
une plus longue expérience, font de même repousser le système des corvées comme injuste et impraticable, même pour les routes vicinales.

Nous avons aussi montré la nécessité de donner
à des associations ou aux villes la concession à
perpétuité des canaux à terminer, des rivières
navigables et flottables à perfectionner, et des
ports à creuser, à charge par elles de construire
à leurs frais des barrages éclusés, des bassins à
flot, des docks et autres établissements utiles,
détaillés et prescrits par les devis.

Par de semblables dispositions, un gouvernement n'abandonne que des servitudes et des charges onéreuses ; il augmente son budget en diminuant ses dépenses ; il prévient les pertes que son
intervention cause ; il donne au commerce et à
l'industrie un libre essor ; il laisse à chaque contrée ses revenus, et ne s'expose plus à sacrifier les
arrondissements plus pauvres aux plus riches. Chaque canton devient un centre d'action où les propriétaires sont appelés à diriger l'emploi de leurs
propres deniers. La reconnaissance publique est
la récompense des commissaires zélés ; la loi impose aux autres, avec l'obligation d'un devoir, la
peine due à la négligence ; l'administration pu-

blique veille dans l'intérêt de tous à la bonne exécution des routes et à l'observation des contrats.

L'administration, en appelant l'intervention des
principaux contribuables et des compagnies, s'af-
franchit de toute responsabilité ; elle se réserve
seulement le droit de surveillance ; les réclamations sont faites non contre elle, mais par elle ;
l'action de ses agents a toujours le public pour
appui. Le gouvernement, loin de perdre de l'influence, gagne plus de popularité et de puissance;
il détermine l'exécution de beaucoup d'ouvrages
utiles, l'emploi des ouvriers, et une prospérité générale plus rapide.

Aucun de ces résultats ne serait obtenu par la
cession des travaux au conseil général ou au préfet d'un département. Dans le premier cas, il
faudrait donner à ce conseil le droit d'administrer,
de se perpétuer au moyen d'une commission permanente. Le préfet serait alors sans autorité réelle,
et le gouvernement sans délégué indépendant. On
retomberait dans un système fédératif, dans les
rivalités et les querelles de provinces ; on sacri-
fierait les cantons éloignés au chef-lieu, et le département aux intérêts de quelques hommes. Dans
le second cas, le pays serait exposé, à chaque
changement de préfet, aux essais toujours nouveaux de systèmes contraires. On repousserait le
concours des propriétaires dans les localités, et
leurs secours en hommes et en argent pour les
améliorations qu'ils désirent ; on reporterait au

chef-lieu les inconvénients de la centralisation générale.

Dans les deux cas, les associations, sans appui, sans
garantie, craindraient d'entreprendre des ouvrages
à leurs frais et périls, ou de lutter contre les oppositions de l'administration de la guerre, les prétentions
des communes, et la tendance des tribunaux à sacrifier les compagnies aux propriétaires à déposséder; il faudrait renoncer à l'espoir des améliorations.

Par une organisation cantonale, on appelle
les contribuables à la perception et à l'emploi des
impôts, à l'administration des travaux commu-
naux qu'ils demandent, à une surveillance qu'ils
exercent dans leur intérêt et sans déplacement;
on forme une commission des personnes les plus
honorables qui s'interposent comme arbitres entre
les compagnies exécutantes, les communes et les
particuliers; on encourage les associations par des
garanties et par une protection locale.

L'avenir de la France va dépendre de la décision
de l'administration sur les projets de législation
des travaux publics. En continuant le système impérial, nulle amélioration, nulle association, nulle
prospérité durable, ne paraissent possibles. Au contraire, en appelant le public et les compagnies aux
entreprises utiles par des encouragements nécessaires et par des dispositions conformes à l'esprit
du gouvernement représentatif, une ère nouvelle
commencera pour la France; on verra, comme

sous nos grands rois, des princes, des archevêques, des maréchaux de France et les personnages les plus illustres s'empresser de donner leurs noms, de consacrer leurs fortunes à des monuments d'utilité publique, créer de vastes ateliers, et assurer par le travail l'aisance des ouvriers et la prospérité de leur pays.

C'est très légèrement et en opposition aux preuves authentiques qu'on prétend que les grands propriétaires dédaignent les associations, refusent leur intervention dans les entreprises publiques. Nous voyons au contraire en tête des listes de souscription pour les grands travaux, les noms des familles les plus illustres, les hommes les plus recommandables ; et nous savons qu'ils portent dans les réunions et les discussions l'esprit de désintéressement, de loyauté, de tolérance qui distingue éminemment la haute société française. Il faut de même repousser les injustes accusations d'indifférence, d'ignorance, portées contre les agriculteurs et les propriétaires des campagnes. Il n'est pas un canton où l'on ne puisse trouver autant de personnes instruites que les services publics en réclament.

Lorsque le gouvernement, comme les ministres de Henri IV et de Louis XIV, voudra exciter l'émulation et le zèle, il suffira d'imiter d'anciens exemples, de récompenser les grands services, et de ne plus honorer l'oisiveté par des actes qui semblent flétrir les travaux utiles.

La France possède en hommes et en richesses toutes les ressources nécessaires à l'exécution des grandes entreprises; lorsque des associations pourront se charger des travaux avec des chances favorables, il se formera dans les départements des banques qui avanceront, sur le crédit des propriétaires, les fonds nécessaires au paiement des ouvriers, et serviront ainsi d'intermédiaire entre les propriétaires sans argent et les ouvriers sans travail. Toutes les améliorations sont faciles à obtenir; mais jusqu'ici le système actuel a rendu stériles tant d'éléments de prospérité et de véritable gloire, en laissant à la charge de l'administration des travaux qu'elle est hors d'état d'entreprendre, d'achever et d'entretenir avec les allocations et des moyens trop restreints.

Si nos vœux se réalisent, si des ateliers sont ouverts dans tous les départements, les prix des journées augmenteront sans doute, doubleront peut-être, les ouvriers paraîtront rares. Ce résultat qu'on annonce comme une calamité publique, nous paraît au contraire le signe le plus certain d'un accroissement de prospérité; c'est par cette raison que nous l'appellerons de tous nos efforts par de nouveaux projets de navigation.

La valeur annuelle du travail en France, estimée 4 milliards, pourrait s'élever à 5 milliards par l'extension des travaux publics; on perd donc chaque année 1 milliard, c'est-à-dire la valeur de l'impôt; le gouvernement est donc maître d'accroître les revenus du montant des contributions, et d'affranchir, pour ainsi dire, le pays des charges publiques.

D'après nos recherches sur la quantité des marchandises voiturées par terre et par eau, sur les prix et les dépenses des transports, sur la valeur des terrains près ou loin des bonnes communications, nous avons trouvé que la France, par des canaux et des chemins meilleurs et plus nombreux, obtiendrait une économie annuelle de 200 millions sur les transports, un accroissement de capital de plusieurs milliards, et que les fonds consacrés aux travaux de navigation donneraient deux, cinq, et même dix capitaux pour un.

Ouvrir des travaux utiles, créer des richesses publiques et particulières, ne seront pas les seuls avantages des associations; on leur devra de faire cesser en quelques mois la détresse des pays de fabrique et de vignoble; de calmer des inquiétudes maintenant croissantes; d'occuper les têtes et les bras oisifs; d'éteindre les derniers germes de nos dissensions, de compléter l'œuvre de la restauration; d'accroître, s'il est possible, la gloire du roi-législateur et la reconnaissance des Français.

Le gouvernement peut sans dépenses obtenir, avant six mois, d'associations recommandables, des soumissions pour tous les travaux indispensables, et procurer dans cette saison difficile du travail à toutes les classes d'ouvriers inoccupés et malheureux. Pour obtenir ces résultats, il suffi-rait de donner des règlements administratifs sur les associations et les concessions.

Malgré l'évidence des propositions présentées, il nous a paru nécessaire de les reproduire sous dif-férentes formes, d'y revenir sans cesse pour com-battre les opinions contraires d'hommes supé-rieurs qu'un séjour continuel dans la capitale, qu'une trop grande élévation empêchent d'enten-dre les vœux des campagnes, et qu'une longue habitude du monde rend plus habiles à exprimer élégamment leurs pensées et à les rendre prédo-minantes par le charme de l'éloquence.

Malgré toute la puissance du talent, il serait aussi impossible d'arrêter les progrès de la raison que la marche des flots et du temps; les saines doctrines, les principes du gouvernement repré-sentatif font chaque jour des conquêtes et finiront par triompher de tous les obstacles. Dans peu on jugera comme évidentes des propositions taxées d'abord de rêve et d'utopie. Il en sera des routes comme des canaux. Lorsque nous avons présenté et soutenu le système de concession des canaux à perpétuité à des compagnies exécutantes, une telle innovation fut d'abord fortement combattue; maintenant cette mesure paraît à tous naturelle et indispensable. On juge de même nécessaire de laisser aux associations les routes à ouvrir, à ter-miner et à redresser, les ponts à construire ou à restaurer; après de tels progrès de l'esprit public, le reste est une conséquence forcée et prochaine. L'établissement des barrières, repoussé sans examen, sans discussion, ne tardera pas à être sollicité par les propriétaires des campagnes et les manufacturiers, pour qui nous écrivons. Avant dix ans, la France adoptera les barrières sur les routes, confiera les travaux aux associations, et par leur influence obtiendra de belles routes, une bonne navigation intérieure, un commerce florissant.

Tout nous fait espérer qu'un bon système de travaux publics sera bientôt adopté. Les ministres, responsables de notre avenir, verront mieux que les adversaires des projets d'amélioration ; diront mieux que leurs défenseurs, et se montreront dignes de la confiance du prince, des espérances et des hautes destinées de la France.

CONCLUSION ET PROPOSITIONS.

1° Les frais de construction et d'entretien des canaux et des routes seront payés par ceux qui en profitent.

2° L'entretien des grandes routes sera confiée à une administration cantonale sous la direction et la surveillance des préfets et des ingénieurs.

3° Trente-six habitants choisis parmi les cent plus imposés de chaque canton, seront chargés de percevoir sans frais 20 centimes sur les contributions directes du canton, et d'employer ces fonds à la construction et à l'entretien des grandes routes qui traversent le canton. Ces 20 centimes seront pris en déduction des contributions directes.

4° Ces commissaires seront autorisés à établir des barrières sur les routes reconnues en parfait état par les ingénieurs, à dépenser les sommes perçues en travaux d'amélioration, et à dégrever des 20 centimes si les droits de barrière sont suffisants.

5° Les travaux neufs, tels que ponts, routes en fer, en pavés, en cailloutis, canaux à ouvrir, rivières à perfectionner, seront concédés à perpétuité aux associations de propriétaires et de capitalistes qui auront rempli les formalités prescrites.

6° Le gouvernement accordera aux principaux actionnaires de toute association concessionnaire d'un canal ou d'une rivière canalisée des distinctions honorifiques, et la moitié du capital, à titre de prêt avec intérêt de 3 pour cent, le remboursement devant se faire par dixième à partir de l'époque de l'achèvement des ouvrages.

7° La concession des canaux et des routes sera donnée sans concurrence aux associations, et celle des rivières par adjudication publique.

8° L'État mettra en vente la totalité des canaux achevés ou entrepris, et imposera aux adjudicataires les clauses suivantes (1) :

1° Ils seront tenus à exécuter les ouvrages dans un délai déterminé, et de les conserver toujours en parfait état.

2° Ils seront responsables des pertes causées par les retards ou par l'interruption des communications.

3° Les matériaux pour l'entretien des routes seront affranchis des droits de passe. Les bateaux et voitures chargés de ces matériaux, ne paieront que les droits imposés sur les bateaux et voitures vides.

9° Les préfets et les ingénieurs seront chargés dans chaque département de l'exécution des contrats.

10° Le 17ᵉ paragraphe de l'article 1ᵉʳ du titre 1ᵉʳ de la loi de finance sera ainsi rédigé :

Continuera d'être faite la perception des droits de péage qui seraient établis pour concourir à la construction ou à la réparation des ponts, écluses, ou ouvrages d'art, à la charge de l'État, des départements et des communes et pour ouvrir ou terminer des canaux ou des chemins neufs.

(1) Nous nous proposons de publier un projet de cahier de charges pour la concession à perpétuité des canaux entrepris, des rivières à canaliser, et des chemins neufs.

FIN.

NOTES

SUR LES CANAUX EXÉCUTÉS AU COMPTE DE L'ÉTAT
AU MOYEN DES FONDS EMPRUNTÉS.

Nous avons fait voir que dans un gouvernement représentatif où la liberté de la presse provoque l'attention générale et une critique de tous les instants sur les actes de l'autorité, il est avantageux et indispensable d'appeler le public dans la gestion des affaires communales; car chacun se croyant plus apte que le plus habile, est disposé à condamner ce qu'il n'a pas fait, ou directement, ou par ses délégués, lorsque les erreurs d'un jugement inattentif ne compromettent pas ses intérêts.

Au nombre de ces affaires, nous plaçons en première ligne les travaux publics, dont l'influence règle, pour ainsi dire, l'état de civilisation de chaque canton, et la situation financière des propriétaires.

Nous avons proposé, par ces motifs, de mettre les travaux à la charge de ceux qui en profitent, de faire intervenir le public dans l'exécution des routes, et de confier les entreprises de canaux à des associations de propriétaires, ou, à leur défaut, à des compagnies de capitalistes.

Lorsque des propriétaires et des capitalistes s'unissent pour exécuter à leurs frais et périls un grand travail, le danger des erreurs ou des pertes les rend très circonspects dans leurs décisions, ils jugent alors bien différemment les entreprises et ceux qui les dirigent; ils conçoivent mille difficultés jusqu'alors inaperçues. Poussés par un sentiment de justice et de conservation, ils se montrent habiles et ardents à défendre ce qu'ils avaient jusqu'alors condamné à la légère. De telles entreprises, d'ailleurs, rentrant dans la classe des travaux particuliers, ne sont plus alors entrevues qu'avec indifférence, ou contrôlées avec réserve.

Depuis plusieurs années, l'utilité des compagnies pour l'exécution à leurs frais des travaux publics, et l'influence des associations sur la prospérité et la stabilité des pays, ont été développées par des hommes d'état très supérieurs; mais il reste à montrer que les entreprises de navigation sont, de toutes, les plus avantageuses. Les tableaux suivants et quelques calculs en fourniront les preuves.

Lorsque les projets des douze canaux à exécuter sur les fonds des compagnies furent soumis aux chambres, les défenseurs en représentèrent les avantages; il fallait occuper les soldats licenciés en ouvrant de grands ateliers sur divers points; il fallait distraire, effacer l'esprit de parti par des travaux importants et des associations nombreuses, et favoriser la prospérité générale par des communications plus rapides et meilleures; ils montrèrent que l'État ne pouvait faire un emploi plus profitable des impôts.

D'autres personnes également judicieuses, d'accord sur ces vérités, soutinrent que les canaux entrepris ne s'achèveraient pas, ou entraîneraient l'État dans des dépenses ou des pertes qu'ils évaluèrent à trois ou quatre cents millions:

Le gouvernement va réaliser à son choix l'une ou l'autre des conjectures, selon les décisions qu'il prendra.

Si on se bornait à terminer les canaux entrepris, quelles que fussent d'ailleurs l'activité, l'économie apportées à leur confection, ces ouvrages rendraient à peine les frais d'entretien, et comme les pertes ou les bénéfices publics sont proportionnels aux revenus des canaux, on pourrait en effet, dans cette supposition, considérer comme perdus les capitaux dépensés.

Lorsque les lois sur les grands canaux furent soumises aux chambres, M. le directeur général des ponts et chaussées appela les compagnies à exécuter, à leurs frais, des canaux secondaires destinés à former avec les premiers des lignes continues. Mais les capitalistes, effrayés des résultats malheureux de beaucoup de travaux, ne répondirent point à cette invitation, ou ne soumissionnèrent que des canaux de peu d'étendue.

Les douze canaux ouverts sur les fonds des compagnies sont:

1° Le canal de Bourgogne,

2.° Le canal de Monsieur,

3.° Le canal du Nivernais,

4.° Le canal latéral à la Loire,

5.° Le canal du duc de Berri,

6.° Le canal de Nantes à Brest,

7.° Le canal du Blavet,

8.° Le canal d'Ille-et-Rance,

9.° Le canal des Ardennes,

10.° Le canal du duc d'Angoulême,

11.° La navigation de l'Oise,

12.° Le canal d'Arles à Bouc.

Il reste à entreprendre plusieurs autres ouvrages de navigation, qui rendraient très productifs les canaux commencés, et serviraient ainsi à rembourser à la fois les nouvelles dépenses et les capitaux prêtés par les compagnies. L'État doit donc en assurer la prompte exécution, en offrant des encouragements et des primes à des compagnies pour les déterminer à s'en charger.

Nous plaçons en première ligne les ouvrages suivants :

La canalisation de la haute et basse Seine et de l'Yonne ;

La canalisation de la Saône, de Gray à Châlons ;

La canalisation de la Loire, de Briare à Orléans et à Nantes ;

La canalisation de l'Aisne et de la Meuse ;

La canalisation du Rhône ;

La canalisation de la Garonne ;

Le canal des Landes ;

Le canal de Saint-Denis à Pontoise ;

Le canal de la Marne à la Seine, et de la Seine à la Seine, avec docks dans la plaine d'Ivry.

En examinant sur la carte les grandes lignes de navigation indiquées par l'état B, on reconnaîtra facilement que ces nouveaux ouvrages et les canaux commencés établiront des communications continues du nord au midi, de l'est à l'ouest, entre les ports, les places de guerre ou de commerce, et lieront entre elles les principales villes du royaume, savoir : Dunkerque, Maubeuge, Mézières, Sedan, Besançon, Strasbourg, Lyon, Beaucaire, Bordeaux, Bayonne, Orléans, Nantes, Saint-Malo, Rouen et le Havre. Toutes ces lignes viennent converger à Paris, ou plutôt s'y arrêter ; car à ce point central de tout le commerce intérieur, la navigation de la Seine est tellement défectueuse que la descente, souvent interrompue, est toujours dangereuse, et qu'il est impossible de faire remonter les bateaux chargés, de l'amont à l'aval, de Grenelle à Ivry.

Nous ne ferons pas mention de quelques canaux également utiles, mais qui ne se rattachent pas aussi directement aux douze canaux commencés. Cependant on doit faire remarquer que la moitié la moins riche de la France, appelée à participer aux dépenses et non aux avantages des canaux, aurait droit à de semblables secours pour ouvrir dans ces contrées des communications également nécessaires.

Nous avons divisé les principaux canaux en exécution sur les fonds des emprunts, et les rivières et autres canaux déjà soumissionnés par des compagnies, en huit lignes, dont chacune pourrait être concédée à une même association.

L'adjudication serait ouverte en même temps par canal et par ligne, et donnée ou ensemble ou séparément, en raison des rabais proposés.

Les quatre états suivants, A, B, C, D, font connaître les longueurs des canaux, les fonds empruntés et dépensés, les dépenses probables qui restent à faire, la durée et les frais de transport par eau et par terre, et les économies à obtenir sur le temps et les prix du roulage ordinaire ou accéléré.

La vente des canaux à perpétuité, et la répartition par lots comprenant de grandes lignes, sont considérées comme des mesures utiles et nécessaires par des ingénieurs fort expérimentés, et de la plus grande capacité comme hommes d'Etat.

ÉTAT A.

Situation financière des deux canaux qui s'exécutent sur les fonds empruntés par l'État.

NOMS des CANAUX.	LONGUEUR en kilomètres.	MONTANT des emprunts.	SUPPLÉMENT demandé.	DÉPENSES	
				faites par approximation.	à faire sur les emprunts et les suppléments.
	kil. m.	fr.	fr.	fr.	fr.
Canal de Bourgogne	241,969	25,000,000	5,000,000	19,000,000	11,000,000
— de Monsieur. .	330,686	10,000,000	1,500,000	11,000,000	500,000
— du Nivernais. .	189,146	8,000,000	8,500,000	7,500,000	9,000,000
— latéral à la Loire	187,000	12,000,000	11,000,000	6,500,000	16,500,000
— du duc de Berry	417,300	12,000,000	2,300,000	8,000,000	6,300,000
— de Nantes à Brest.	384,661	29,200,000	8,800,000	16,000,000	22,000,000
— du Blavet. . .	58,000	800,000	1,200,000	1,500,000	500,000
— d'Ille-et-Rance	80,796	6,000,000	800,000	5,000,000	1,800,000
— des Ardennes.	120,000	8,000,000	3,260,000	9,000,000	2,260,000
— du duc d'Angoulême. . . .	149,710	6,600,000	1,250,000	7,000,000	850,000
Navigation de l'Oise	102,000	3,000,000	500,000	1,500,000	2,000,000
D'Arles à Bouc. .	45,885	5,500,000	1,000,000	4,000,000	2,500,000
TOTAUX . . .	2307,253	126,100,000	45,110,000	96,000,000	75,210,000

Nota. Quelques personnes pensent que les dépenses définitives dépasseront d'un tiers et de moitié le montant du supplément demandé ; nous avons la conviction, si on appelle des compagnies exécutantes, qu'elles se chargeront de l'achèvement de tous les ouvrages aux prix des estimations fixées à 75 millions.

ÉTAT B.

NAVIGATION A TERMINER OU A PERFECTIONNER.

COMMUNICATIONS DE PREMIÈRE CLASSE.

Évaluation approximative des dépenses à faire pour terminer les grandes lignes de navigation.

INDICATIONS.	LONGUEUR en 1/2 myriamètr.	DÉPENSES A FAIRE SUR LES FONDS.		DÉPENSES TOTALES.
		de l'État.	des Compagnies.	
PREMIÈRE LIGNE.				
NAVIGATION DE L'EST.				
De Paris à Besançon, Bâle, Strasbourg, Lauterbourg.				
1re PARTIE. Canalisation de la haute Seine et de l'Yonne jusqu'à la Roche-sur-Yonne.	36 1/2	fr. »	fr. 30,000,000	fr. 30,000,000
2e PARTIE. Canal de Bourgogne.	48 1/2	11,000,000	»	11,000,000
3e PARTIE. Canal de Monsieur. .	66	500,000	»	500,000
TOTAUX.	151	11,500,000	30,000,000	41,500,000
DEUXIÈME LIGNE.				
NAVIGATION DU CENTRE.				
De Paris à Lyon, par le canal du Nivernais, le canal du Centre et la Saône.				
1re PARTIE. Canalisation de l'Yonne, depuis la Roche jusqu'au canal de Nivernais.	10	»	2,000,000	2,000,000
2e PARTIE. Canalisation de l'Oise.	36	9,000,000	»	9,000,000
3e PARTIE. Canal latéral à la Loire, depuis Digouin jusqu'au bec d'Allier.	20	7,000,000	»	7,000,000
4e PARTIE. Canal du Centre. . .	23	»	1,650,000	1,650,000
5e PARTIE. Canalisation de la Saône de Châlons au Rhône.	23	»	3,450,000	3,450,000
TOTAUX.	112	16,000,000	7,100,000	23,100,000

INDICATIONS.	LONGUEUR en 1/2 myriamètr.	DÉPENSES A FAIRE SUR LES FONDS		DÉPENSES TOTALES.
		de l'État.	des Compagnies.	
TROISIÈME LIGNE.				
NAVIGATION DE L'OUEST.				
De Paris à Nantes, à Brest et à Saint-Malo.				
1re PARTIE. Canal latéral à la Loire, depuis l'Allier, à Briare et à Orléans	17	9,500,000 fr.	» fr.	9,500,000 fr.
2e PARTIE. Canalisation de la Loire, d'Orléans à Nantes.				
1o D'Orléans à Tours.	36 1/2	»	7,000,000	7,000,000
2o De Tours à Nantes.	42	»	9,000,000	9,000,000
3e PARTIE. Canal de Nantes à Brest.	77	22,000,000	»	22,000,000
4e PARTIE. Canal du Blavet. . .	11 1/2	500,000	»	500,000
5e PARTIE. Canal d'Ille-et-Rance.	16	1,800,000	»	1,800,000
TOTAUX.	200	33,800,000	16,000,000	49,800,000
QUATRIÈME LIGNE.				
NAVIGATION DU NORD-OUEST.				
De Paris à Rouen et au Havre.				
Les projets rédigés n'ont pas encore été présentés.				
CINQUIÈME LIGNE.				
NAVIGATION DU NORD.				
1re SECTION. *De Paris à Saint-Valery, Dunkerque.*				
1re PARTIE. Canal de Saint-Denis à Pontoise.	5 1/2	»	8,000,000	8,000,000
2e PARTIE. Canalisation de l'Oise				
3e PARTIE. Canal du duc d'Angoulême.	32 1/2	2,000,000	»	2,000,000
4e PARTIE. Canal de Saint-Quentin	50	850,000	»	850,000
	10	»	»	»
5e PARTIE. Canalisation de la Lys, de Nerville à Aire ; canal de Neuf-Fossé ; canalisation de l'Aa, des Fontinettes au Guindal.	15	»	2,000,000	2,000,000
TOTAUX.	93	2,850,000	10,000,000	12,850,000

INDICATIONS.	LONGUEUR en 1/2 myriamètr.	DÉPENSES A FAIRE SUR LES FONDS		DÉPENSES TOTALES.
		de l'État.	des Compagnies.	
SIXIÈME LIGNE.				
NAVIGATION DU NORD.				
11ᵉ SECTION. *De Paris à La Fère, comme ci-dessus.*				
Canal de jonction de la Sambre à l'Oise, de La Fère et à Landrecies.	20	fr. »	fr. 12,000,000	fr. 12,000,000
SEPTIÈME LIGNE.				
NAVIGATION DU NORD-EST.				
De Paris à Sedan, Mézières et Givet.				
1ʳᵉ PARTIE. Canalisation de l'Aisne (1)	36	»	5,400,000	5,400,000
2ᵉ PARTIE. Canal des Ardennes.	24	2,260,000	»	2,260,000
3ᵉ PARTIE. Canalisation de la Meuse, de Verdun à la frontière (1)	63	»	9,500,000	9,500,000
TOTAUX.	123	2,260,000	14,900,000	17,160,000

COMMUNICATIONS DE DEUXIÈME CLASSE.

Canal du duc de Berry.	83 1/2	6,300,000	»	6,300,000
Canal d'Arles à Bouc.	9	2,500,000	»	2,500,000

(1) Les projets de canalisation de l'Aisne, de la Veyle et de la Meuse sont depuis long-temps rédigés et présentés, et les fonds nécessaires sont assurés par le traité du canal des Ardennes ; les obstacles apportés à l'exécution de ces ouvrages ont rendu jusqu'ici comme inutiles le canal des Ardennes et les sacrifices faits par l'État.

COMMUNICATIONS ÉGALEMENT IMPORTANTES A ENTREPRENDRE PAR DES COMPAGNIES A LEURS FRAIS ET PÉRILS, OU EN PARTIE AVEC DES SECOURS FOURNIS EN ÉGALES PORTIONS PAR LE PAYS ET L'ÉTAT.

1° Canalisation de la Meuse supérieure ;

2° Jonction de la Meuse et de la Moselle ;

3° Canalisation de la Moselle et de la Meurthe ;

4° Canal de jonction de la Saône avec la Moselle, de Gray à Toul ;

5° Canalisation de la Saône de Gray à Châlons ;

6° Perfectionnement de la navigation du Rhône ;

7° Pefectionnement de la navigation de la Garonne ;

8° Canal des Landes ;

9° Canal de la Marne à la Seine, et de la Seine à la Seine, rive gauche, avec docks dans la plaine d'Ivry.

Récapitulation des premières et secondes lignes entreprises.

Nota. On ne fait mention que des travaux entrepris ou à concéder.

	LONGUEUR en 1/2 myriamètres.	DÉPENSES EN FRANCS.
		fr.
1re ligne. Navigation de l'Est, de Paris à Strasbourg.	151	44,500,000
2e ligne. Navigation du centre, de Paris à Lyon . . .	112	23,100,000
3e ligne. Navigation de l'Ouest, de Paris à Brest. . .	200	49,800,000
4e ligne. Navigation du Nord - Ouest, de Paris au Havre.	. . . . .	pour mémoire.
5e ligne. Navigation du Nord. 1re section. De Paris à Dunkerque.	93	12,850,000
6e ligne. Navigation du Nord. 2e section. De Paris à Landrecies.	20	12,000,000
7e ligne. Navigation du Nord-Est, de Paris à Mézières, Givet.	125	17,160,000
COMMUNICATIONS DE 2e CLASSE.		
Canal du duc de Berry	85 1/2	6,300,000
Canal d'Arles à Bouc.	9	2,500,000
	791 1/2	168,210,000

ÉTAT C.

Frais et durée du transport, par les routes royales, d'un tonneau (1,000 kil.) de marchandises, de Paris aux villes indiquées ci-dessous.

Nota. Les frais de transport de ces villes à Paris sont en général d'un quart plus élevé. On a compté les distances par 5 kilomètres ou 1/2 myriamètre, et le prix par tonneau est en francs.

RÉGIONS.	INDICATIONS	LONGUEUR en 1/2 myriamèt.	ROULAGES					
			ACCÉLÉRÉ.			ORDINAIRE.		
			Prix.	Nombre de jours.	Distance parcourue par jour en 1/2 myriamèt.	Prix.	Nombre de jours.	Distance parcourue par jour en 1/2 myriamèt.
			fr.	jours.	fr.	fr.	jours.	fr.
Ligne de l'Est.	Dijon . . .	61	140	5	12 2/10	100	12	5 1/10
	Besançon .	79	180	6	13 2/10	120	16	4 9/10
	Bâle. . . .	94 1/2	280	12	7 8/10	160	22	4 3/10
	Strasbourg.	93	200	8	11 6/10	120	16	5 8/10
Ligne du centre	Châlons-s.- Saône. . .	65	220	5	13	100	12	5 4/10
	Lyon. . . .	93	220	7	13 3/10	120	14	6 6/10
	Orléans . .	24 1/2	35	1	24 6/10	28	3	8 2/10
Ligne de l'Ouest.	Nantes. . .	78	160	7	11 1/10	80	14	5 5/10
	St-Malo . .	85	180	12	7	115	19	4 5/10
	Brest . . .	120	260	16	7 5/10	195	28	4 3/10
Ligne du Nord. 1re sect.	Abbeville .	29	90	5	5 8/10	50	7	4 1/10
	Amiens . .	25 1/2	60	2	12 8/10	38	5	5 1/10
	Cambrai. .	37	70	3	12 2/10	35	7	5 2/10
2e sect.	Lille. . . .	47	75	3	15 6/10	45	8	5 9/10
	Dunkerque	60	125	5	12	80	12	5
	Landrecies	45	150	5	8 5/10	80	10	4 3/10
	Maubeuge.	42 1/2	100	5	8 5/10	65	10	4 2/10
	Charleroy .	62 1/2	130	5	12 5/10	75	15	4 1/10
Ligne du Nord-Est.	Sedan. . .	51	110	3	16 9/10	60	10	5 1/10
	Mézières. .	47	110	3	15 6/10	50	8	5 8/10
	Givet . . .	57	150	8	7 1/10	100	4	5
Prix réduit du roulage de par 1/2 myriamètre . . .		»	224	1	11,74	1.33	1	5,36

ÉTAT D.

Frais et durée du transport par la navigation perfectionnée d'un tonneau (1,000 kil.) de marchandises, de Paris aux villes indiquées ci-dessous.

NOTA. On a compté les distances par 5 kilomètres ou 1/2 myriamètre, et le prix par tonneau et par francs. La journée d'un bateau est évaluée à 5,000 mètres ou 10 distances, y compris le temps du passage des écluses.

RÉGIONS.	INDICATIONS.	DISTANCE en 1/2 myriam.	FRAIS de transport à raison de 0,375 par distance de 1/2 myriamèt.	DURÉE du trajet.	ÉCONOMIE PAR TONNEAU SUR LE ROULAGE ordinaire. en argent.	en jours.
			fr. c.	jours.	fr. c.	jours.
LIGNE DE L'EST.	De Paris à Dijon . . .	76	28 50	7 6/10	71 50	4 4/10
	— Besançon	95	35 65	9 5/10	83 87	6 5/10
	— Bâle	128	48 00	12 8/10	112 00	9 2/10
	— Strasbourg	148	55 50	14 8/10	64 50	1 2/10
LIGNE DU CENTRE.	— Châlons-sur-Saône	102	38 25	10 2/10	60 75	1 8/10
	— Lyon	128	48 00	12 8/10	72 00	2 2/10
LIGNE DE L'OUEST.	— Orléans	45	16 88	4 5/10	11 12	
	— Nantes	105	39 35	10 5/10	40 65	3 5/10
	— Saint-Malo . . .	137	51 38	13 7/10	63 62	3 5/10
	— Brest	179	67 13	17 9/10	127 89	10 7/10
LIGNE DU NORD. 1re SECT.	— Abbeville	84	31 50	8 4/10	18 50	
	— Amiens	74	27 40	7 4/10	10 50	
2e SECT.	— Cambrai	63	23 65	6 3/10	10 87	7/10
	— Lille	86	32 25	8 6/10	12 75	
	— Dunkerque	101	37 88	10 1/10	62 15	
	— Landrecies . . .	58	21 75	5 8/10	58 25	
	— Maubeuge	65	24 35	6 5/10	40 65	3 5/10
	— Charleroy	76	28 50	7 6/10	46 50	7 4/10
LIGNE DU NORD-EST.	— Sedan	79	29 63	7 9/10	30 37	2 1/10
	— Mézières	77	28 85	7 7/10	21 15	3/10
	— Givet	95	37 63	9 4/10	64 37	4 6/10

Le prix réduit, par eau, étant de 0 fr. 375 par tonneau et par 1/2 myriamètre, l'économie par tonneau et par 1/2 myriamètre sur le roulage ordinaire est de 0 f. 953.

OBSERVATIONS

Lorsque les lignes principales de navigation indiquées sur les états seront achevées, résultat que le gouvernement peut obtenir en quatre ans, le transport par eau, de 125 lieues environ, entre Paris et les villes de Dunkerque, Givet, Saint-Valery, le Havre, Nantes, Châlons - sur - Saône, Besançon, pourra se faire en dix jours et au prix de 38 fr. par tonneau, ou de 1 fr. 90 c. par cent livres.

Dans l'évaluation de la durée du trajet on a compté sur une navigation de nuit, mais à raison de 5 myriamètres par vingt-quatre heures, au lieu de 10 myriamètres parcourus par jour sur les canaux d'Angleterre; cette vitesse moyenne de cinq distances sera probablement dépassée lorsque des compagnies rivales, propriétaires des grandes communications, chercheront, comme en Angleterre, à réduire le temps et les frais de transport pour attirer le commerce sur leurs routes.

Une double voie d'un point à un autre, loin d'être un luxe, paraît une nécessité et le seul moyen d'arriver à la perfection par la concurrence.

Les négociants de Châlons-sur-Saône et de Lyon, par exemple, expédieront les marchandises par le canal de Bourgogne, ou par le canal du Centre, selon que l'une ou l'autre de ces communications sera ou plus rapide, meilleure, ou à meilleur marché. Lorsque l'un des deux canaux chômera, le commerce suivra l'autre, et ne sera jamais arrêté.

Les denrées coloniales et tous les produits de l'intérieur, arrivant en dix jours des entrepôts à Paris, et en dix jours de Paris aux grandes villes de commerce, la Suisse et une partie de l'Allemagne feront venir leurs approvisionnements de la capitale en moins de temps et à meilleur compte que des Pays-Bas par le Rhin.

Les transports par le roulage ordinaire ou accéléré ne pourront plus soutenir la concurrence sur les mêmes lignes avec les transports par eau ; les routes seront débarrassées des lourds chargements qui les dégradent. Il sera possible alors de n'admettre que les chariots qui conviennent le plus et aux routes et au commerce. On réduira d'un quart, et même moitié, l'épaisseur des roues ; car les larges jantes faisant l'office de rouleaux, ou de cylindres mobiles destinés à broyer en tournant autour d'un centre pris sur l'axe, brisent les matériaux, sillonnent et déchirent la chaussée, surtout lorsque les voitures chargées sont forcées de s'écarter de la ligne droite, soit par un contour trop brusque, soit par la rencontre d'autres voitures. Ces inconvénients des larges jantes sont maintenant si bien connus, que les droits de barrières sur plusieurs trusts d'Angleterre à Chippenham, par exemple, sont d'autant plus élevés que les jantes ont plus de largeur.

Le service de la navigation étant assuré, et tous les gros transports se faisant par eau, le système de barrières, loin d'être repoussé comme nuisible au commerce, serait défendu avec chaleur et habileté. Les négociants, les voyageurs, qui veulent arriver le plus tôt et le plus sûrement, savent considérer comme une économie les dépenses qui abrègent le temps et les distances, et demanderont le seul système favorable au perfectionnement des routes.

D'après les tarifs des droits établis sur les canaux en construction, on peut porter à o f. 25 le prix moyen par tonneau et par distance de 5 kilomètres ou d'un 1/2 myriamètre, le frêt étant évalué, terme réduit, à la moitié ou o f. 125 ; les frais de transport par eau seront de o f. 375 par tonneau et par distance. Les frais moyens par roulage ordinaire étant de 1 f. 33, et par roulage accéléré de 2 f. 24, l'économie sera de o f. 955 dans le premier cas, et de 1 f. 865 dans le second cas par tonneau et par distance.

Mais le développement de la navigation, pour arriver d'un point à un autre, est de 1/5, de 1/4, et de 1/3 plus grand que par les routes de terre; il faut donc tenir compte de cette augmentation de dépense. Les différences entre les transports par terre et par eau se trouveront réduites à environ o f. 86 sur le roulage ordinaire, et à 1 f. 77 sur le roulage accéléré, par tonneau et par 5 kilomètres.

Quoiqu'il soit possible et facile d'obtenir en France comme en Angleterre des transports sur les canaux, aussi rapides que par le roulage accéléré et à cinq fois meilleur marché, nous ne tiendrons pas compte de cet avantage, et nous n'évaluerons que les bénéfices de la navigation sur le roulage ordinaire.

Les frais et les différences de transports par eau et par terre étant établis sur des données authentiques, savoir, 1° les tarifs des droits, 2° les frais de navigation sur les principaux canaux, 3° les prix de roulage fournis par les négociants très expérimentés, il est facile d'arriver à une évaluation approximative des revenus probables des canaux et des avantages qu'on doit en attendre.

On sait, par un grand nombre de documents recueillis en France et en Angleterre, que le tonnage transporté par les canaux ouverts dans des pays peuplés, entre de grandes villes de commerce et des ports, peut être porté pour chaque point, dans les deux directions, au moins à 200,000 tonneaux de 1,000 kilogrammes par année, et qu'il s'élève sur plusieurs canaux de France jusqu'à 1,000,000 et 1,200 mille tonneaux. Le terme de 200 mille tonneaux, aller et retour, ou de 100 mille tonneaux, dans un sens, peut donc être pris pour une réduite.

Les droits moyens de navigation, fixés à raison de o f. 25 par tonneau et par distance, s'élèveront sur les 200 mille tonneaux à 50,000 fr. par 5 kilomètres. Ainsi un canal de 20 distances ou de 100,000 mètres de longueur doit produire 1,000,0000 fr. par an.

Il faut rappeler encore qu'on suppose dans ces calculs que les sept lignes de navigation du tableau seront complétées ; cette condition est indispensable, car le canal des Ardennes, par exemple, qui rendra dans ce cas plus de 50,000 fr. par distance, ne produirait pas même 2,000 fr., c'est-à-dire moins que les frais d'entretien, si la navigation de l'Aisne et de la Meuse n'était pas perfectionnée, et aussi bonne que celle d'un canal artificiel.

Les canaux entrepris sur les emprunts, ayant ensemble une longueur de 461 distances de 5 kilomètres, le produit brut à 50,000 fr. par distance sera de 23,050,000 fr. ; retranchant 3,050,000 fr. pour les frais d'administration, de réparation, d'amélioration, il restera 20,000,000 fr. destinés à payer les intérêts, primes et amortissement de 126,100,000 fr. avancés par les compagnies. En portant au maximum de 13,000,000 fr. les sommes à prélever pour solder la rente due aux premières compagnies, et l'intérêt des fonds avancés par les nouvelles, il restera encore 7,000,000 fr. par an pour subvenir aux dépenses imprévues, pertes extraordinaires, ou réductions dans les droits de quelques branches de ces canaux.

En appliquant ces mêmes calculs à la totalité des sept lignes principales des états précédents, et en supposant que les droits actuels perçus sur les rivières ne soient point augmentés à la descente, et que le tarif pour la remonte, maintenant presque impossible, soit le même que sur les canaux, on trouvera que ces lignes, ayant ensemble un développement de 791 distances, donneront un produit brut de 39,500,000 fr., et un produit net d'environ 33,000,000 fr. pour payer l'intérêt des fonds dépensés ou à dépenser.

Mais, si les compagnies doivent percevoir 39,000,000 fr. sur ces canaux, le public ayant un bénéfice de o f. 86 par distance et par tonneau, ou de 172,000 fr. par distance sur un transport de 200,000 tonneaux, retirera sur les 791 distances un bénéfice net et annuel de 135,000,000 fr.

Ces résultats, que des personnes étrangères au commerce et à toute spécialité accuseront d'exagération, sont obtenus en Angleterre, en Belgique et aux États-Unis; et il est plus facile de les réaliser en France, où les grands développements des fleuves et la variété des climats et des productions du royaume, donneront lieu à de plus grands transports, et promettent des bénéfices plus élevés aux compagnies exécutantes; mais il faut que notre navigation soit régulière et rapide comme dans ces pays, ce que le gouvernement peut réaliser en moins de quatre années sans nouveaux sacrifices à faire.

Si au lieu de compter un tonnage de 200,000 tonnes, les transports moyens n'étaient que de 60,000 tonneaux dans chaque sens, ou ensemble de 120,000, ou de 800 bateaux de 150 tonnes chaque sens, des compagnies exécutantes auraient encore de grandes chances de bénéfices en prenant à leurs risques et périls l'achèvement des canaux commencés, aux conditions de toucher les sommes supplémentaires à fournir par le trésor, et de remplir les conditions des traités passés entre l'État et les capitalistes.

Il nous paraît certain que les lignes indiquées dans le tableau donneraient des intérêts très élevés des fonds avancés. Nous citerons les canaux de Bretagne considérés comme les plus mauvais; la dépense restant à faire sur ces trois canaux étant de 34,300,000 fr., la compagnie obtiendrait probablement sur cette somme les bénéfices supposés faits par des entrepreneurs ordinaires, c'est-à-dire, le dixième pour conduite, frais d'équipage, etc., ou 3,430,000 fr. Ces trois canaux étant concédés en même temps ou à la même compagnie que le canal latéral à la Loire, établiraient la grande communication entre la Bretagne, l'intérieur du royaume et Paris; ils serviraient aux transports multipliés de divers produits et marchandises à des distances rapprochées; ce qui

donnerait sur chaque point un tonnage considé-
rable.

On compte en Bretagne des forêts, de belles
carrières, et surtout des mines abondantes de
charbon de terre, objet de consommation et de
commerce qui fournit les principaux revenus de
tous les canaux. On transporterait sur cette ligne
des bois, des pierres, le sel, les vins, les denrées coloniales et les produits de dix départements. En peu d'années, on établirait sur les
bords de ces canaux beaucoup de fabriques
et de machines à vapeur. Cent grandes manufactures ou exploitations sur cette ligne de deux
cent cinquante lieues suffiraient pour donner,
par le transport des combustibles ou des marchandises, un tonnage suffisant au remboursement de tous les intérêts.

Il nous paraît indispensable de comprendre
dans une même entreprise : 1º les canaux de Bretagne; 2º le canal latéral à la Loire, d'Orléans à
Nantes et au-dessous; 3º la navigation naturelle
de la Loire, afin de compenser les produits très
variables sur les diverses parties de cette grande
communication, et de les augmenter sur tous les
points par un service régulier plus étendu et
mieux assuré. On retirerait les mêmes avantages
de plusieurs compagnies, si on les rendait soli
daires et responsables du bon entretien des ou
vrages.

Si cette entreprise de canaux était soumissionnée

par une association composée des principaux propriétaires et capitalistes de douze départements,
on n'aurait à craindre ni difficultés ni pertes. La
compagnie embrasserait dans sa spéculation les
améliorations intérieures ; elle achèterait les terres
vagues, les carrières et les mines ; elle élèverait
des établissements, et obtiendrait en quelques années les améliorations d'un siècle. Les habitants,
qui sont indifférents ou hostiles lorsque le gouvernement exécute, se montreraient au contraire très
empressés à seconder les efforts des personnes nota-
bles de la contrée intéressés aux travaux. Si les revenus des canaux ne s'élevaient pas d'abord au taux des
intérêts, les propriétaires retireraient, par la plus-
value de leurs domaines ou de leurs fabriques, au-
delà de leurs avances.

Les grands propriétaires de Bretagne pourront
dire : Ces canaux seront exécutés, le gouvernement
en a signé l'acte ; pourquoi donc nous engager dans
des spéculations pénibles et dangereuses ? nous
sommes certains de retirer les profits de cette navigation sans courir chance de perte. Mais nous
répondrons que les canaux de Bretagne, sans le
canal latéral à la Loire, ne donneraient ni à la
compagnie, ni au pays, ni à l'État, des avantages proportionnés aux dépenses ; il faudrait attendre l'effet du temps : mais son action presque
toujours détruit des ouvrages peu utiles. Ainsi,
se borner à terminer ce qui est commencé, c'est,
pour ainsi dire, sacrifier et perdre les 29 millions

à dépenser. C'est donc dans l'ensemble que la canalisation de la Bretagne doit être embrassée ; il faut la concéder pour l'achever et pour réaliser de justes et de grandes espérances.

Des observations semblables montreront de même que les lignes de Paris à Bâle et à Strasbourg, ou celle de Paris à Lyon, donneraient également à une puissante association des bénéfices au lieu de pertes qui ruineraient les concessionnaires d'une fraction de l'une ou de l'autre de ces communications. Une grande compagnie, par des relations de commerce avec la Suisse et l'Allemagne, appellerait sur les canaux de Monsieur et de Bourgogne le commerce du Rhin et les transports par roulage. La seconde, étendant ses opérations dans le Midi, à Bordeaux, à Marseille, ferait venir à Paris par la Saône, le canal du Centre et le canal latéral à la Loire, etc., les marchandises du Levant expédiées maintenant par la Manche avec de plus grands frais et des risques toujours croissants.

On a formé tout récemment, dans les Pays-Bas, une grande association où chaque capitaliste avait la liberté de souscrire pour une somme de son choix. Cette compagnie achète à son compte, pour expédier dans les colonies et à l'étranger les produits des fabriques, et a beaucoup contribué à relever les manufactures ou fermées ou en souffrance. Elle aide de son crédit les fabricants, et garantit à ce pays un état de prospérité que le li bre commerce avec l'Angleterre avait compromis.

De semblables associations étant composées de tous les souscripteurs qui se présentent, n'ont d'autres priviléges réels que le pouvoir de contribuer à la richesse du pays. Au dehors, elles peuvent lutter contre les compagnies également puissantes de l'étranger, et employer des hommes de talent et des grands capitaux dans les contrées éloignées ou dans des temps difficiles, tandis que les commerçants ou navigateurs isolés sont ruinés sans retour par une fausse spéculation ou par le premier évènement malheureux.

L'organisation des grandes associations pour l'achèvement de la navigation intérieure nous paraît une première condition de succès, et une nécessité dans la situation actuelle de la France.

Les propriétaires et capitalistes des contrées traversées par des lignes projetées ont un grand intérêt à s'associer et à prendre part à ces entreprises nationales, bien moins pour accroître leur fortune que pour la conserver et assurer le repos et la prospérité du royaume.

Nous avons montré par la différence du temps et des frais de transport en Angleterre et en France, que nos fabriques les plus importantes ne peuvent plus soutenir, ni au dehors ni au dedans, la concurrence avec les manufactures d'Angleterre ; que cette supériorité de nos voisins ne vient ni du nombre ni de l'étendue de leurs colonies, ni de la plus grande habileté de leur gouvernement, mais plutôt du perfectionnement des communications, ou de la législation des travaux publics favorable à ces entreprises dans ce royaume, et des difficultés qui rendent en France les améliorations comme impossibles, et menacent d'en compromettre l'avenir.

Dans un tel état de choses, si nous nous portons à quelques années, on doit prévoir que le commerce et l'agriculture seront toujours exposés à de plus grands embarras; que les fabricants continueront à fermer leurs ateliers, à renvoyer chaque semaine, comme maintenant, des ouvriers par milliers; le travail manquera partout; les contributions se paieront plus difficilement, et la marche du royaume, rapidement progressive depuis la restauration, maintenant stationnaire, ne tardera pas à être rétrograde. Qui peut calculer les évènements, et en prévoir la gravité? Quelle serait alors la situation des grands propriétaires, des capitalistes? Des secours, des aumônes, en dégradant le peuple, ne serviront qu'à rendre ses malheurs plus incurables. Le gouvernement peut prévenir les malheurs et fonder un avenir florissant par une prospérité immédiate, en encourageant l'exécution des canaux utiles; tous les ouvriers sans travail étant occupés, une aisance plus générale augmenterait la consommation, rendrait l'activité à l'agriculture et aux manufactures. On doit se hâter d'exciter l'industrie particulière, d'encourager l'esprit d'association par des distinctions honorifiques, et de confier aux compagnies les grands travaux qui restent à faire.

Si l'examen des fabriques de France et d'Angleterre, si des recherches sur l'influence d'une bonne navigation et du prix des transports nous font apercevoir les dangers qui menacent nos grandes manufactures, nous avons acquis en même temps la conviction que le gouvernement peut les prévenir avec facilité et sans dépenses; qu'il dépend de lui d'assurer immédiatement et pour toujours la prospérité du commerce, qu'il peut porter le pays au plus haut degré de puissance. Il nous a paru nécessaire de montrer des maux possibles pour obtenir plus tôt des mesures indispensables réclamées par tous les hommes spéciaux en agriculture et en manufactures.

En considérant les grandes lignes de navigation proposées, relativement à leur ensemble, leur exécution et les résultats, nous ne craignons pas d'avancer que si le gouvernement français sait persévérer et vouloir; s'il fait promptement achever par des compagnies, et à *leurs risques et périls*, les améliorations commencées, il aura conçu et mis à exécution la pensée la plus heureuse et la plus nationale; les ouvriers et les capitaux employés, les fabriques ranimées, des associations nombreuses formées, seront le résultat immédiat de ses décisions. Si, d'un côté, l'État est forcé de payer aux compagnies nouvelles chargées des travaux les suppléments demandés en 1828, et pendant quelques années les intérêts des emprunts; d'un autre côté, l'accroissement rapide et bien constaté par le règlement des indemnités, de toutes les propriétés riveraines des canaux, remboursera au trésor, chaque année, par l'augmentation des impôts indirects, et les droits de mutation, beaucoup au-delà de ses avances. Ainsi, sous le point de vue financier, le gouvernement aura fait une spéculation lucrative; et la seule considération des bénéfices devrait conseiller de poursuivre et de compléter les entreprises commencées, si des motifs de prospérité et de stabilité n'en faisaient pas une loi plus impérieuse. Nous avons trouvé par des calculs faciles à vérifier que le capital foncier du royaume augmentera de trois fois la valeur de la dépense des canaux.

Le gouvernement, en accordant des distinctions honorifiques aux principaux actionnaires de chaque entreprise de canaux, moyen employé avec autant d'éclat que de bonheur par nos plus grands rois en pareille circonstance, épargnera plusieurs millions sur les dépenses des fonds supplémentaires à fournir. Il se présentera alors beaucoup de compagnies, et des compagnies composées des notabilités de chaque contrée, et tout porte à croire que les conditions offertes seront très favorables au pays.

Nous n'avons pas hésité à revenir sans cesse, dans cet écrit, sur les mêmes faits, sur les mêmes causes, et les mêmes résultats : toujours préoccupé par la pensée de contribuer aux améliorations nécessaires, nous avons sacrifié le désir d'être correct à l'espérance d'être utile.

NOTES

SUR LES FRAIS DE NAVIGATION DE LA HAUTE-SEINE ET DE L'YONNE.

On compte par la Seine et l'Yonne, Paris à Auxerre, deux cent quinze kilomètres ou quarante-trois distances.

Il faut pour remonter neuf à dix jours, dans les bonnes eaux, et on paie 35 fr. par tonneau.

Par le roulage, les transports se font en cinq jours, et à raison de 70 fr. par tonneau.

Lorsque la Seine et l'Yonne seront canalisées, on remontera en deux ou trois jours, et à raison de 35 fr. Il y aura sur le temps une économie de deux jours, et sur les frais 35 fr. par tonneau.

Les produits de ces rivières canalisées s'élèveront, pour 200,000 tonneaux, à 2,150,000 fr.

Et les bénéfices du commerce sur le transport de ce tonnage, à 7,000,000 fr.

Les avantages sur la remonte des bateaux vides seront plus considérables, ainsi qu'on peut en juger par les relevés suivants fournis par des maîtres bateliers, et par des inspecteurs de la navigation.

FRAIS

DE REMONTAGE DES BATEAUX VIDES DE PARIS A AUXERRE.

1° Pour monter un bateau vide de Paris à Montereau, il faut cinq jours de travail et un jour de haut-le-pied, ce qui fait six journées à 24 francs par jour. . . . . 144 fr. » c.

Un homme que l'on paie pour son voyage, y compris la nourriture.	55	»
Montage du pont de la Bosse-de-Marne.	1	50
Montage du pont de Choisy. . . .	1	50
Octroi de Choisy.	5	»
Montage du pont de Corbeil, quatre chevaux de renfort.	6	»
Idem du pont de Melun, six *idem*.	9	»
Usure de cordes.	15	»
	237	»

Si l'on formait un trait de plusieurs bateaux, toues ou barquettes, il y aurait économie, puisque l'on emploie trois chevaux pour un bateau, et qu'il n'en faut que cinq pour deux, et sept pour trois, et toujours un seul homme, de Paris à Montereau.

Deux toues ou deux barquettes de vingt à vingt-sept mètres de longueur ne paient que les mêmes prix perçus pour un grand bateau.

Un trait pour un homme se forme souvent de trois bateaux, toues ou barquettes.

2° De Montereau à Auxerre, il faut, pour monter un bateau, six jours de travail et un jour et demi de haut-le-pied. D'abord, de Montereau à Joigny, il faut quatre jours de travail et un jour de haut-le-pied, à quatre chevaux et à 16 francs la courbe, et à 32 fr. par jour, et pour cinq jours. 160 fr. » c.

De Joigny à Auxerre, six chevaux pour deux jours de travail et une demi-journée de haut-le-pied, à 48 fr. par jour. . . . . 120 »

Deux hommes à 55 fr. par homme pour les deux distances, la nourriture comprise. . . . . 110 »

Octroi de Montereau pour un bateau. . . . . 6 »

Chablage *idem* pour *idem*. . . . . 3 »

Au gareur du pont Renard. . . . 1 50

Chablage du pont de Dou. . . . 2 »

Idem de Sens. . . . . 2 »

Idem de Villeneuve. . . . . 3 »

407 50

Report. . . . . 407 fr. 50 c.

Idem de Joigny. 2   »
Deux passages de bac, de Monte-
reau à Auxerre, à 28 centimes
par courbe de chevaux. 2   50
Usure de cordes. 25   »

De Montereau à Auxerre. . . 437   »
De Paris à Montereau. . . . 237   »

674   »

On obtient une économie sur cette distance en formant un trait de plusieurs bateaux, puisqu'il ne faut que huit chevaux pour deux bateaux, dix pour trois, et toujours deux hommes.

Les mariniers entrepreneurs de remontage ne demandent d'habitude, pour prix dudit remontage, que 500 à 550 francs par bateau ; mais alors ils se réservent le droit d'en remonter plusieurs, et de les charger de plâtre ou autres marchandises sur lesquelles ils font de grands bénéfices. Ils remontent ordinairement du plâtre qui se paie à Paris 60 à 65 francs la toise, et se vend, rendu à Auxerre, 130 à 140 francs la toise. Différence, 70 francs par toise.

AUTRE NOTE

FOURNIE PAR UN INSPECTEUR DE LA NAVIGATION.

Frais de remontage de trois bateaux de première classe, de Paris à Auxerre :

1° Dix journées de huit chevaux, et de quatre chevaux de renfort, ensemble. . . . . 848 fr.

2° Retour des chevaux. 296

3° Frais de chablage, de pontage, et droits de navigation. 119

4° Dépense des hommes. 304

Total pour les trois bateaux. . . 1,567

Et pour un. 522

Frais faits pour la descente d'un bateau chargé de vins, d'Auxerre à Paris :

Neuf hommes d'équipage à 80 fr. . . 720 fr.

Droits de navigation à Montereau. . . 25

Billage des ponts. 12

Usure des cordes. 80

Total pour un bateau. 837

Nota. Lorsque la Haute-Seine et l'Yonne auront été canalisées, on économisera plus de moitié sur les frais et la durée du voyage en remontant de Paris à Auxerre; et la navigation, maintenant suspendue pendant les mois d'étiage, sera plus facile alors que dans les temps maintenant les plus favorables.

TABLE

DES CHAPITRES.

TABLE

––––––––

Nota. Les Considérations générales servent d'introduction
au Projet de législation des routes et des canaux.

Ce volume est la première partie du tome deuxième des
Essais sur la construction des routes et des canaux, etc.

FIN DE LA TABLE.